삶의 질 200% 상승하는 AI 활용 능력의 첫걸음

왕초보
시니어도
쉽게
따라 하는

챗GPT 사용법

곽민철 · 정희철 지음

왕초보 시니어도 쉽게 따라 하는
챗GPT 사용법

초판 1쇄 인쇄 2026년 1월 25일
초판 1쇄 발행 2026년 1월 30일

지은이 | 곽민철, 정희철
펴낸이 | 김승기, 김민수
펴낸곳 | ㈜생능출판사 / **주소** | 경기도 파주시 광인사길 143
브랜드 | 생능북스
출판사 등록일 | 2005년 1월 21일 / **신고번호** | 제406-2005-000002호
대표전화 | (031) 955-0761 / **팩스** | (031) 955-0768
홈페이지 | www.booksr.co.kr

책임편집 | 최동진
편집 | 신성민, 이종무
교정·교열 | 최동진
본문·표지 디자인 | 이대범
영업 | 최복락, 심수경, 차종필, 송성환, 최태웅, 김민정
마케팅 | 백수정, 명하나

ISBN 979-11-94630-46-3 (13000)
값 16,800원

과거 시니어분들은 산업화와 정보화 속에서 가족과 사회를 이끌며 수많은 변화를 직접 겪어 오셨습니다. 이제는 PC와 스마트폰에 이어 'AI'라는 새로운 흐름 앞에서 낯설고 어려움을 느끼는 분들도 많습니다. 요즘 뉴스와 유튜브 어디서나 AI, 인공지능, 챗GPT 이야기가 나오지만, "꼭 알아야 하나?", "늦은 건 아닐까?"라는 생각이 들기도 합니다.

그러나 AI는 전문가만의 기술이 아니라, 오히려 소외되기 쉬운 분들을 강력히 도울 수 있는 도구입니다. 스마트폰이 처음엔 복잡해 보였지만 지금은 일상의 필수품이 된 것처럼, AI도 생활을 편리하게 돕는 '똑똑한 도우미'입니다.

『왕초보 시니어도 쉽게 따라 하는 챗GPT 사용법』은 복잡한 원리 대신 스마트폰 하나로 누구나 활용할 수 있는 방법을 담았습니다. 궁금한 것을 묻고, 사진·영상 꾸미기, 건강·금융·행정 업무까지 차근차근 안내합니다. 책을 따라가다 보면 AI를 '배워야 할 대상'이 아니라 '함께할 수 있는 존재'로 느끼며, 스스로 질문하고 정보를 얻는 경험을 통해 디지털 자신감을 되찾게 될 것입니다.

이 책은 『시니어를 위한 스마트폰 활용 with 챗GPT』에 이은 두 번째 이야기입니다. 1편에 보내주신 큰 관심과 응원이 다시 책을 펴내는 힘이 되었고, "정말 도움이 됐다"는 독자분들의 목소리에 깊이 감사드립니다.

이 책이 시니어분들께 AI라는 새로운 세상으로 나아가는 든든한 다리가 되어, 빠르게 변하는 시대 속에서도 당당히 기술을 활용하는 주체가 되시길 응원합니다.

"우리의 사명은 인공지능이 인류 전체에게
이로움이 되도록 하는 것입니다."
샘 올트먼, ChatGPT CEO, OpenAI 헌장에서

곽민철, 정희철

이 책은 챗GPT를 중심으로, 생활 속에서 AI를 효율적으로 활용하는 방법을 다루고 있습니다. 입문자가 쉽게 따라할 수 있도록 상황별로 내용을 설명했으며, 각 상황에서 어떤 경우에 활용하면 좋은지도 구분해 두었습니다.

▶ **이럴 때 편리해요**

어떤 경우에 사용하면 좋은지를 알려 주는 가이드 역할을 해 줍니다.

▶ **섹션 제목**

각 섹션에서 학습할 제목과 배울 내용을 설명하였습니다.

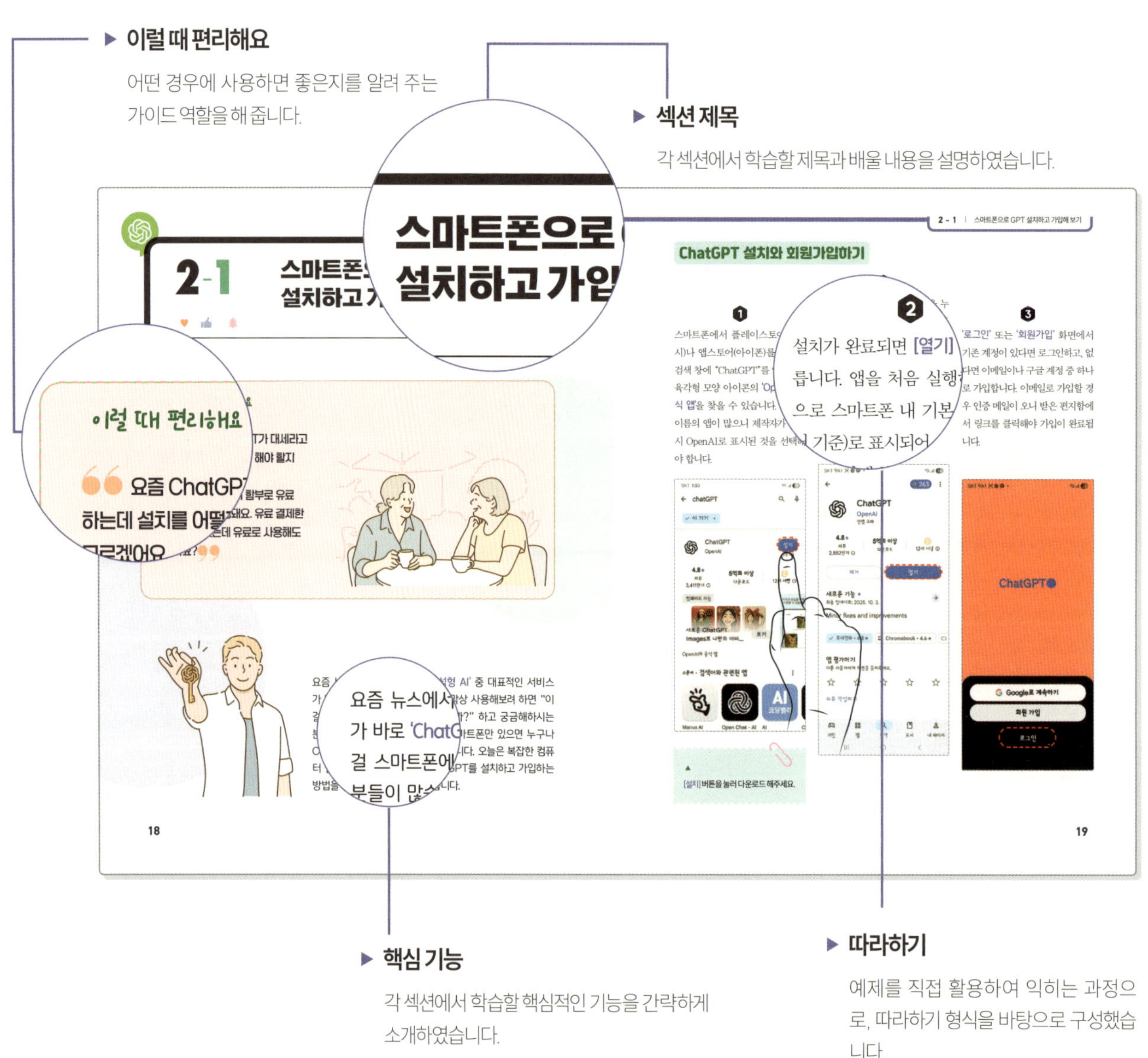

▶ **핵심 기능**

각 섹션에서 학습할 핵심적인 기능을 간략하게 소개하였습니다.

▶ **따라하기**

예제를 직접 활용하여 익히는 과정으로, 따라하기 형식을 바탕으로 구성했습니다.

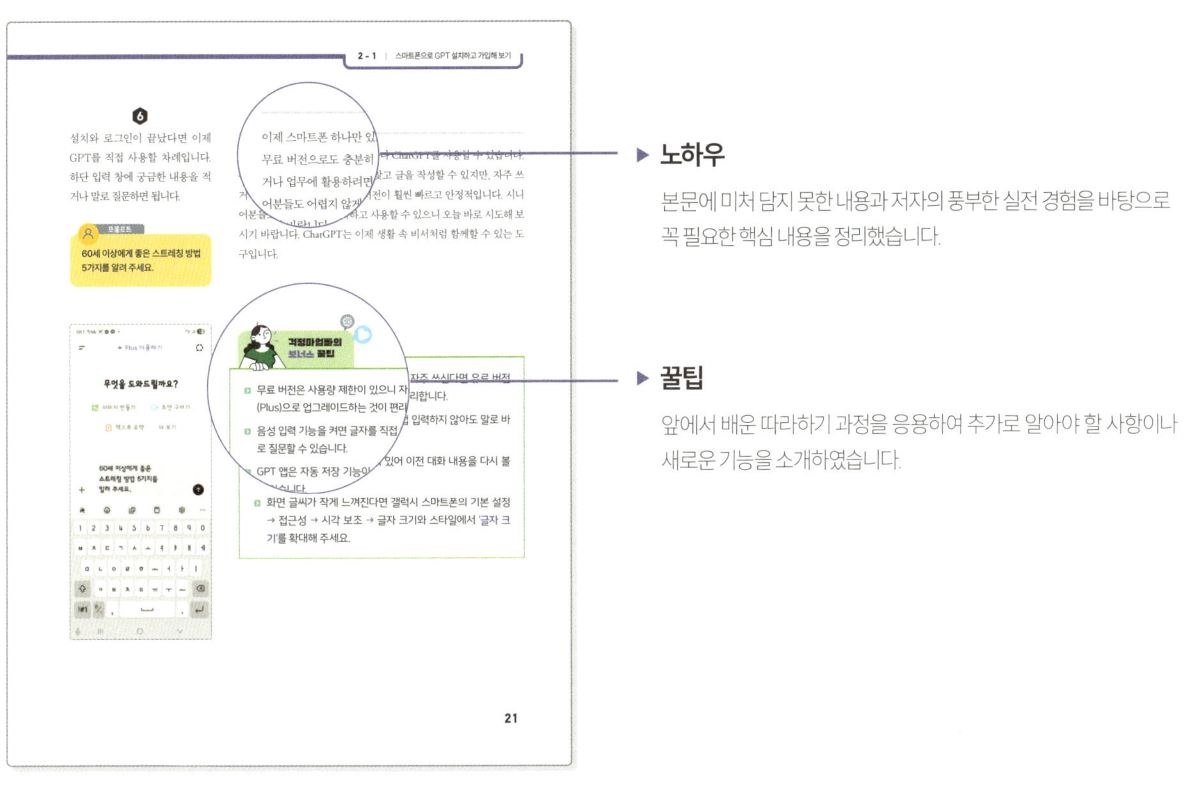

▶ 노하우

본문에 미처 담지 못한 내용과 저자의 풍부한 실전 경험을 바탕으로 꼭 필요한 핵심 내용을 정리했습니다.

▶ 꿀팁

앞에서 배운 따라하기 과정을 응용하여 추가로 알아야 할 사항이나 새로운 기능을 소개하였습니다.

저자들이 운영하고 있는 『걱정마엄빠』 채널을 소개해요!

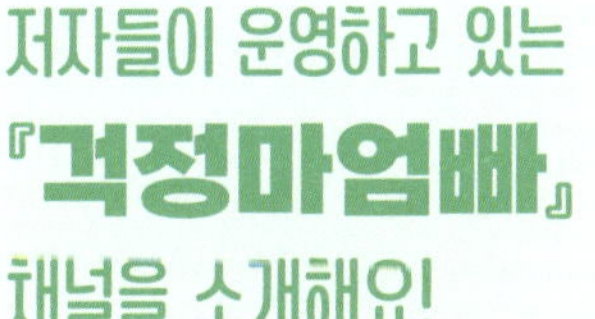

『걱정마엄빠』 채널

걱정마엄빠는 시니어 세대를 위한 실생활 정보를 전달하는 유튜브 채널입니다. 복잡하고 어려울 수 있는 디지털 기기 활용법, 최신 AI 소식, 금융 정보, 복지 혜택, 정부 정책 등 중장년층에게 꼭 필요한 내용을 알기 쉽게 풀어서 설명해 드립니다. 지금 바로 『걱정마엄빠』 채널에서 유용한 최신 정보를 만나보세요!

독자분들과 소통할 수 있는 공간을 마련했습니다. 책에서 소개해 드린 여러 기능들의 최신 정보를 공유하고 독자분들께 유용한 스마트폰 활용법을 지속적으로 제공할 예정입니다.

https://seniordigital.kr/

1장

세상에서 가장 쉬운
첫걸음

AI가 대체 뭐길래?
이것만 알면 됩니다

요즘은 TV 뉴스를 틀거나 휴대폰 광고를 보거나, 심지어 병원에 가도 'AI'라는 단어가 빠지지 않고 등장합니다. 하지만 여전히 많은 분들이 AI가 정확히 무엇인지, 내 삶과 어떤 관련이 있는지 잘 모르시는 경우가 많습니다. 복잡한 기술 용어처럼 느껴질 수 있지만, 알고 보면 AI는 우리 일상 가까이에 있는 유용한 도구일 뿐입니다.

그래서 오늘은 시니어분들도 쉽게 이해할 수 있도록 AI의 의미와 역할, 그리고 우리 생활 속에서 어떻게 도움이 되는지를 차근차근 설명드리겠습니다. 복잡한 용어는 최대한 배제하고 실생활 중심의 예시를 통해 설명드리니, 이 책에서 앞으로 이야기할 내용을 보다 쉽게 이해하는 데 도움이 되지 않을까 싶습니다.

1 AI는 사람처럼 '생각하는 기술'입니다

AI(인공지능)는 사람의 생각하는 과정을 컴퓨터가 따라 하도록 만든 기술이라고 받아들이시면 이해가 쉽습니다. 예를 들어, 사진을 보면 강아지인지 고양이인지 구별하고, 사람의 말을 들으면 그 의미를 이해하는 식입니다. 어렵게 접근할 필요 없이 사람의 두뇌 역할을 일부 대신해 주는 기술이라고 이해하시면 됩니다.

2 왜 갑자기 AI가 이렇게 많이 쓰일까요?

최근 몇 년 사이 계산 능력과 데이터 처리 기술이 크게 발전하면서, AI도 이전보다 훨씬 정교한 판단을 할 수 있게 되었습니다. 예전에는 단순한 계산만 했다면 지금은 긴 글을 읽고 이해하거나 사진 속 물체를 자동으로 구별하는 일까지 할 수 있게 되었기 때문입니다. 기술이 발전하면서 자연스럽게 여러 산업과 생활 속으로 빠르게 퍼지게 된 것이죠.

3 생활 속에서 AI가 이미 쓰이고 있는 예

사실 많은 시니어분들이 이미 AI를 생활 속에서 사용하고 있습니다. 예를 들어, 스마트폰에서 "○○야, 날씨 알려 줘." 하고 말하면 그에 맞게 대답하는 기능도 AI가 적용된 기능입니다.

요즘은 사진 몇 장만 있어도 자연스럽게 합성할 수 있고, 직접 촬영하지 않아도 영상을 만들어 주는 기술이 등장하고 있습니다.

또한 은행 앱에서 이상한 결제나 송금이 감지되면 자동으로 알려 주는 기능도 AI가 보안 위험을 판단하는 기술입니다. 즉, 이미 많은 분들이 나도 모르는 사이에 AI의 도움을 받고 있는 것이죠.

4 AI를 이용할 때 알아 두면 좋은 점

AI는 편리하지만 '도구'이기 때문에 잘 사용하는 것이 중요합니다.

예를 들어, AI가 알려준 정보가 항상 100% 맞는 것은 아니므로 중요한 결정은 반드시 본인 판단 또는 전문가 의견과 함께 비교하시는 것이 좋습니다. 또한 개인 정보를 요구하는 서비스는 꼭 출처가 확실한 곳인지 확인해야 합니다. 이처럼 AI는 잘 활용할 때 생활이 훨씬 편리해지는 기술입니다.

그리고 업로드한 이미지는 학습이나 서비스 개선에 활용될 수 있으므로, 사용 전 반드시 개인정보 및 초상권 관련 이용 조건을 확인해야 합니다.

결국 중요한 건 이것입니다.

AI는 어렵고 복잡한 기술처럼 보이지만 사실은 우리의 생활을 조금 더 편하게 만드는 똑똑한 도구입니다. 이미 스마트폰, 병원, 은행 등 다양한 곳에서 자연스럽게 활용되고 있으며 앞으로도 생활 속 편의성을 더욱 높여줄 것입니다. 너무 어렵게 이해하려고 하기보다, **'도움을 주는 기술'**이라고 생각하고 천천히 익숙해지시면 됩니다. 이 책에서는 우리의 일상에서 AI를 조금 더 편리하게 사용하려면 어떻게 해야 하는지 이야기합니다.

제미나이, 클로드, GPT...
이름 많아도 괜찮아요

요즘 AI 관련 뉴스나 소식이 많다 보니 '제미나이', '클로드', 'ChatGPT'처럼 자주 언급되는 AI 이름을 들을 때마다 각각 어떤 AI인지, 어떤 차이가 있는지 궁금해하시는 분들이 많습니다.

이 기술들은 서로 다른 회사에서 개발했기 때문에 이름도 다르고 특징도 조금씩 다르지만, 공통적으로 사람처럼 글을 읽고 이해하며 대답하는 똑똑한 프로그램이라는 점은 같습니다.

오늘은 시니어분들도 헷갈리지 않도록, 그동안 주변에서 들어봤을 법한 다양한 AI를 하나씩 쉽게 설명드리겠습니다. 각각 어떤 역할을 하는지, 어떤 상황에서 유용한지 알게 되면 앞으로 AI를 훨씬 더 편하게 활용하실 수 있을 것입니다.

1 AI 이름이 왜 이렇게 많은가요?

AI 기술은 여러 회사에서 경쟁적으로 만들고 있습니다.

예를 들어, 휴대폰도 삼성, 애플이 각각 다른 이름으로 제품을 내놓듯이 AI도 회사마다 개발한 이름이 다릅니다. 이름은 달라도 사람의 질문을 이해하고 대답해 주는 '대화형 AI'라는 점은 거의 같습니다. 그래서 너무 어렵게 생각하지 않으셔도 됩니다.

2 제미나이 Gemini 는 구글이 만든 AI입니다

제미나이는 우리가 익숙하게 쓰는 '구글'에서 만든 AI입니다. 구글 검색, 유튜브, 지도 같은 서비스를 이미 사용해 보신 분이라면 제미나이를 어렵지 않게 느끼실 수 있습니다.

제미나이는 사진을 읽고 설명해 주는 기능에 강하고 여러 정보를 한 번에 정리하는 데 도움이 되는 편입니다.

예를 들어, 여행 계획을 세울 때 "제주도 2박 3일 일정 만들어 줘."라고 하면 일정, 이동 거리, 추천 식당까지 함께 정리해 주는 식으로 활용할 수 있습니다.

③ 클로드 Claude **는 말투가 차분하고 친절한 AI입니다**

클로드는 미국의 '앤트로픽 Anthropic'이라는 회사가 만든 AI입니다. 특징은 말투가 차분하고 조심스럽다는 점입니다. 그래서 문서 정리, 어려운 글 쉽게 풀어쓰기, 조용한 상담 느낌의 대화를 원하시는 분들이 많이 사용합니다.

예를 들어, 긴 건강 안내문을 이해하기 어렵다면 **"이 문장 쉽게 설명해 줘."**라고 했을 때 한 문장씩 천천히 설명해 줍니다.

④ ChatGPT는 가장 대중적인 AI입니다

ChatGPT는 많은 분들이 이름만 들어도 아시는 가장 유명한 AI입니다. 대화 능력이 자연스럽고 다양한 주제에 폭넓게 대답할 수 있는 것이 특징입니다. 시니어분들이 일상에서 쓰기에도 가장 부담 없는 AI 중 하나로 이 책에서도 가장 많이 다룰 AI입니다.

예를 들어, 스마트폰 설정이 어려울 때 **"사진 옮기는 방법 알려 줘."**와 같이 입력하면 순서대로 쉽게 설명해 주고, 요리 레시피나 글쓰기 도움도 자연스럽게 제공해 줍니다.

⑤ 어떤 AI를 써도 도움을 받을 수 있습니다

이름은 다르지만 기능은 비슷하며 중요한 것은 어떤 AI든 사람 대신 생각해 주는 역할을 한다는 점입니다. 휴대폰 브랜드가 달라도 전화 기능은 똑같듯이 AI도 회사마다 이름만 다를 뿐 기본 역할은 거의 비슷합니다. 익숙해지기만 하면 심부름하듯 질문하고 도움을 받아 유용하게 활용할 수 있습니다.

이것만 기억해 주세요!

제미나이, 클로드, ChatGPT처럼 이름이 많아도 어렵게 느끼실 필요는 없습니다. 모두 사람의 말을 이해하고 도움이 되는 답을 주는 AI이며, 시니어분들도 일상 속에서 충분히 편하게 활용할 수 있습니다. 앞으로 AI 도구의 숫자가 더 늘어나더라도 내가 쓰기 편한 AI 하나만 골라서 천천히 익숙해지면 됩니다.

VEO, 나노바나나 새롭게 떠오르는 AI들

요즘 AI 기술이 빠르게 발전하면서 새로운 이름들도 계속 등장하고 있습니다. 예전에는 챗GPT만 들어도 생소했는데 이제는 VEO, 나노바나나 같은 낯선 이름들이 뉴스와 인터넷에서 자주 보이기 시작했습니다.

이런 이름이 등장할 때마다 시니어분들은 "또 새로운 게 나왔구나, 나는 따라가기 힘든데…" 하고 걱정하시는 경우가 많습니다. 하지만 어렵게 생각하실 필요는 없습니다.

새로운 AI라고 해도 결국 우리가 더 편리하게 사용할 수 있도록 돕는 기술이라는 점에서 동일합니다. 오늘은 최근 주목받고 있는 다양한 AI를 이해하기 쉽게 소개해 드리니, 천천히 살펴보시면 앞으로 AI를 활용하는 데 큰 도움이 될 것입니다.

1 왜 새로운 AI가 계속 등장할까요?

AI 기술은 계속 발전하고 있고 여러 회사가 경쟁적으로 새로운 기능을 내놓고 있습니다. 스마트폰도 매년 새로운 모델이 나오듯이 AI도 점점 더 똑똑해진 버전이 등장하고 있는 것입니다.

이름은 다르지만, 공통점은 우리에게 더 쉽게, 더 빠르게, 더 편하게 정보를 제공하는 기술이라는 점입니다. 그래서 이름이 어려워도 걱정하지 않아도 됩니다. 나에게 필요하다면 사용하는 방법을 천천히 익히기만 하면 됩니다.

2 영상 제작을 돕는 AI, VEO

VEO는 구글에서 만든 최신 영상 생성 AI입니다.

"문장으로 설명만 하면 영상이 만들어진다"라는 점이 가장 큰 특징입니다.

예를 들어, 시니어분들이 손주에게 보여줄 영상을 만들고 싶을 때 **"바닷가에서 뛰어노는 강아지 영상 만들어 줘."**라고 입력하면 AI가 장면을 구성해 영상 형태로 보여 주는 방식입니다. 복잡한 편집 기술 없이도 간단한 문장만 있으면 되는 시대가 열린 셈입니다.

또한 VEO는 영상 속 배경을 자연스럽게 바꾸거나 오래된 영상의 화질을 선명하게 만드는 등 편리한 기능도 갖추고 있어 앞으로 더 많이 활용될 가능성이 있습니다.

3 글, 이미지를 쉽게 만드는 나노바나나

나노바나나는 최근 주목받는 창작 특화 AI입니다. 주로 글쓰기, 이미지 생성, 캐릭터 디자인을 편하게 만드는 데 강점이 있습니다.

예를 들어, 시니어분들이 손주 사진을 피규어 이미지로 만들고 싶다면 사진을 업로드하고 **"이 사진의 아이 모습을 피규어로 만들어 줘."**라고 입력하기만 하면 됩니다.

또한 귀여운 그림 스타일이 특징이라 손주에게 보여줄 이야기책 이미지를 만드는 용도로도 사용할 수 있습니다. 복잡한 그림 실력이 없어도 몇 마디 설명만 하면 동화 같은 이미지를 만들어 주는 점이 많은 사용자에게 호응을 얻고 있습니다.

4 새로운 AI도 결국 편리함을 위한 도구입니다

이름이 생소하더라도 미리 겁내실 필요는 없습니다.

VEO든 나노바나나든, 새롭게 등장하는 AI들은 결국 일상을 더 쉽게 만들어 주는 도구입니다. 고민할 것은 새로운 AI를 우리 일상에 편리함을 가져다 주도록 어떻게 활용할 수 있을까입니다.

조금 쉽게 정리해 보면…

VEO와 나노바나나는 최신 기술을 담은 AI이면서 결국 우리에게 더 편리한 도움을 주기 위해 만들어진 도구입니다. 시니어분들도 부담 갖지 말고 필요한 만큼만 천천히 사용해 보시면 됩니다. 새로운 이름이 계속 등장하더라도 '더 편해지려고 나오는 기술이구나!' 라고 생각하시면 훨씬 이해가 쉬워집니다.

왕초보 시니어도 쉽게 따라 하는
챗GPT 사용법
2장

내 손안의 GPT 시작하기

2-1 스마트폰으로 GPT 설치하고 가입해 보기

> 요즘 ChatGPT가 대세라고 하는데 설치를 어떻게 해야 할지 모르겠어요.
> 혹시 잘못 설치해서 함부로 유료 결제될까봐 걱정돼요. 유료 결제한 친구들도 있는데 유료로 사용해도 될까요?

요즘 뉴스에서 자주 들리는 '생성형 AI' 중 대표적인 서비스가 바로 'ChatGPT'입니다. 하지만 막상 사용해보려 하면 "이걸 스마트폰에서도 사용할 수 있을까?" 하고 궁금해하시는 분들이 많습니다. 다행히 이제는 스마트폰만 있으면 누구나 ChatGPT를 무료로 체험할 수 있습니다. 오늘은 복잡한 컴퓨터 설정 없이, 스마트폰으로 ChatGPT를 설치하고 가입하는 방법을 단계별로 안내해드리겠습니다.

ChatGPT 설치와 회원가입하기

❶

스마트폰에서 플레이스토어(갤럭시)나 앱스토어(아이폰)를 엽니다. 검색 창에 "ChatGPT"를 입력하면 육각형 모양 아이콘의 **'OpenAI 공식 앱'**을 찾을 수 있습니다. 비슷한 이름의 앱이 많으니 제작자가 반드시 OpenAI로 표시된 것을 선택해야 합니다.

❷

설치가 완료되면 **[열기]** 버튼을 누릅니다. 앱을 처음 실행하면 자동으로 스마트폰 내 기본 언어(한국어 기준)로 표시되어, 시니어분들도 어렵지 않게 활용할 수 있습니다.

❸

'로그인' 또는 **'회원가입'** 화면에서 기존 계정이 있다면 로그인하고, 없다면 이메일이나 구글 계정 중 하나로 가입합니다. 이메일로 가입할 경우 인증 메일이 오니 받은 편지함에서 링크를 클릭해야 가입이 완료됩니다.

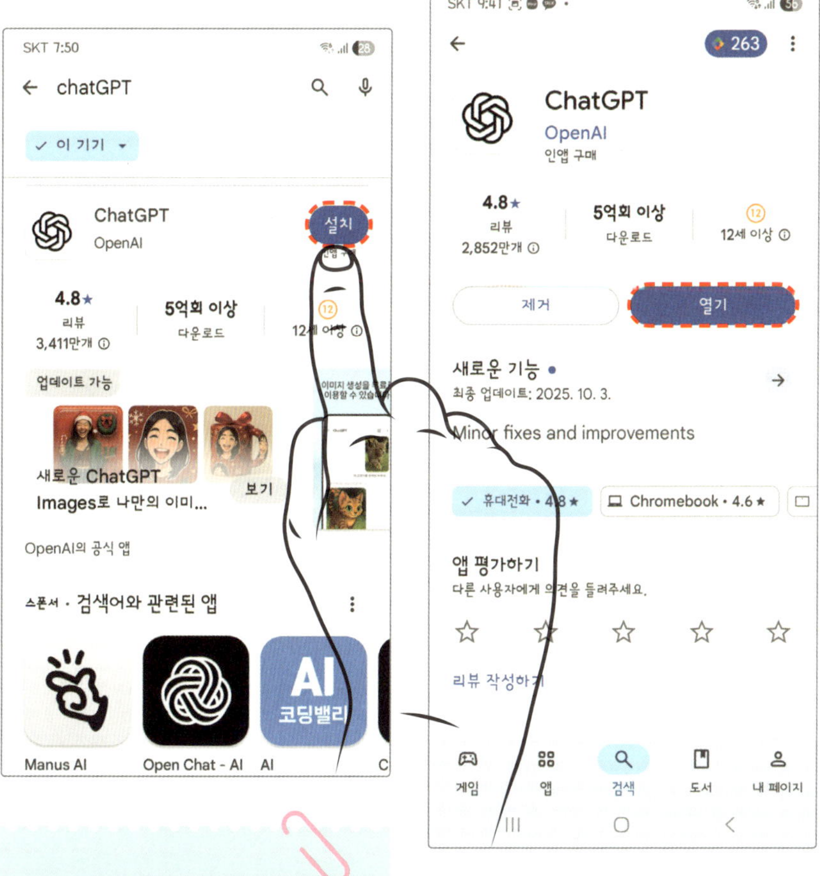

▲ [설치] 버튼을 눌러 다운로드 해주세요.

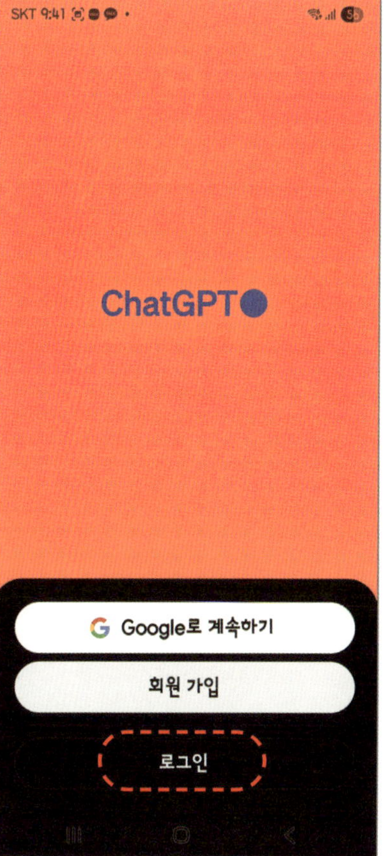

4

로그인 후에는 무료로 제공되는 기본 AI 모델을 이용할 수 있으며, 유료 구독을 통해 ChatGPT Plus를 이용할 수 있습니다. 무료 버전은 최신 모델을 기반으로 하지만 사용량에 제한이 있고, 일정 수준을 초과하면 속도나 성능이 제한된 모드로 전환됩니다.

5

무료 버전을 그대로 사용해도 되고, 만약 유료 버전을 원하면 **4**에서 **[Plus 이용하기]** 버튼을 누른 후 유료 결제 페이지로 이동하여 **[Plus로 업그레이드]**를 눌러 결제를 진행해 줍니다. 안드로이드는 구글 플레이, 아이폰은 애플 결제로 진행됩니다. 결제가 완료되면 고급 기능(빠른 이미지 생성, 고급 이성, 심층 리서치 등)을 바로 사용할 수 있습니다.

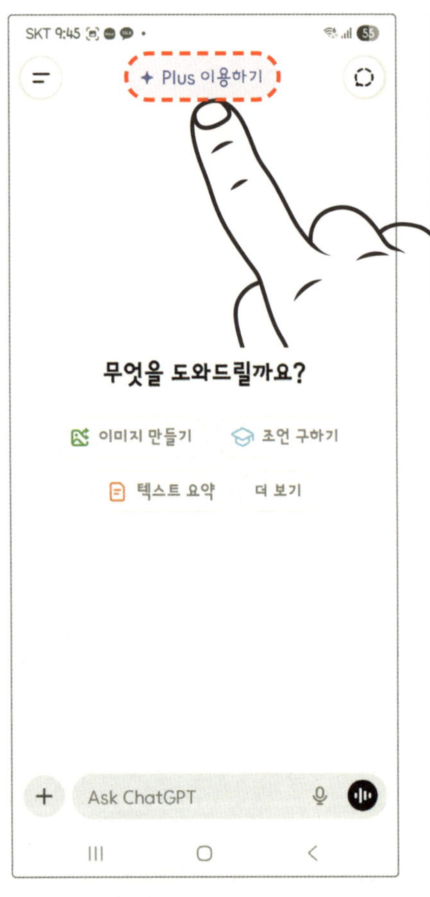

유료 버전(ChatGPT Plus)은 매월 약 3만 원으로, 더 빠른 속도와 높은 안정성과 함께 **고급 추론 모드** 등의 확장 기능을 이용할 수 있습니다.

6

설치와 로그인이 끝났다면 이제 GPT를 직접 사용할 차례입니다. 하단 입력 창에 궁금한 내용을 적거나 말로 질문하면 됩니다.

프롬프트

60세 이상에게 좋은 스트레칭 방법 5가지를 알려 주세요.

이제 스마트폰 하나만 있으면 누구나 ChatGPT를 사용할 수 있습니다. 무료 버전으로도 충분히 정보를 찾고 글을 작성할 수 있지만, 자주 쓰거나 업무에 활용하려면 유료 버전이 훨씬 빠르고 안정적입니다. 시니어분들도 어렵지 않게 설치하고 사용할 수 있으니 오늘 바로 시도해 보시기 바랍니다. ChatGPT는 이제 생활 속 비서처럼 함께할 수 있는 도구입니다.

▶ 무료 버전은 사용량 제한이 있으니 자주 쓰신다면 유료 버전 (Plus)으로 업그레이드하는 것이 편리합니다.

▶ 음성 입력 기능을 켜면 글자를 직접 입력하지 않아도 말로 바로 질문할 수 있습니다.

▶ GPT 앱은 자동 저장 기능이 있어 이전 대화 내용을 다시 볼 수 있습니다.

▶ 화면 글씨가 작게 느껴진다면 갤럭시 스마트폰의 기본 설정 → 접근성 → 시각 보조 → 글자 크기와 스타일에서 '글자 크기'를 확대해 주세요.

첫 화면부터 차근차근,
인터페이스 따라잡기
(ChatGPT)

> 용기 내어 ChatGPT를 설치했는데 어디에 질문을 써야 할지 모르겠어요. 자녀나 손주가 "이게 GPT야!"라며 보여줬지만, 직접 써보려니 어렵네요. 처음 접해본 화면이라서 어디서부터 시작해야 할지 막막합니다.

처음 ChatGPT를 접하면 어디부터 눌러야 할지 몰라 머뭇거리게 됩니다. 단순해 보이는 화면만큼이나 조금만 익숙해지면 금방 편하게 사용할 수 있습니다. 이번 내용에서는 누구나 부담 없이 따라 하실 수 있도록 ChatGPT의 기본 인터페이스를 단계별로 차근차근 설명드리겠습니다.

ChatGPT 기본 기능 다뤄보기

❶

ChatGPT를 실행해 보세요. 화면 중앙에 '**무엇을 도와드릴까요?**'라는 문구가 보이며 하단에는 입력 창이 위치해 있습니다.

❷

화면 하단 입력 창에 물어보고 싶은 질문을 입력한 후 **오른쪽(↑) 버튼**을 누르면 ChatGPT가 그에 대한 답변을 시작합니다.

❸

답변을 보고 추가적인 질문이 있다면 입력 창에 이어서 내용을 입력해 줍니다. 입력 창 **왼쪽(+) 버튼**을 누르면 추가 기능을 사용할 수 있습니다.

입력 창에 적는 질문이나 지시문을 '**프롬프트**'라고 합니다. 프롬프트를 입력하면 대화가 시작되며, 채팅하듯 계속 질문을 이어가면 됩니다.

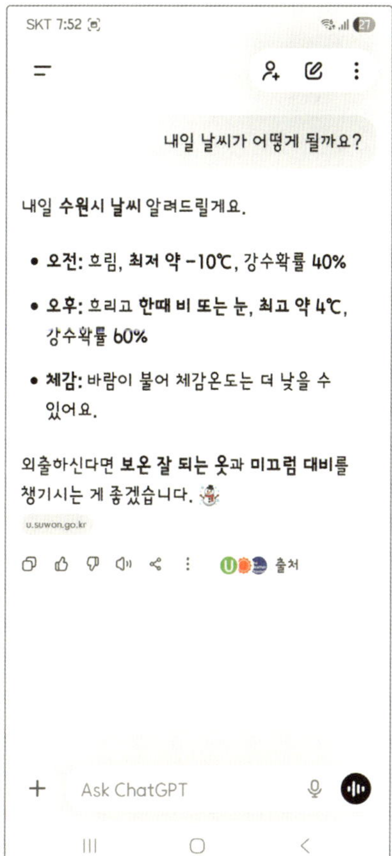

4

왼쪽(+) 버튼을 누른 뒤 사진 및 파일 첨부도 가능합니다. ChatGPT에 이미지나 파일을 첨부하여 추가 요청, 검색, 요약 등의 업무를 진행할 수 있습니다. 추가적으로 '**이미지 만들기**', '**심층 리서치**' 등 디테일한 작업 기능도 여기서 선택할 수 있습니다.

5

입력 창 오른쪽 첫 번째 **마이크(🎤) 버튼**을 누르면 질문을 타이핑하지 않고도 음성을 통해 질문할 수 있습니다. 바로 녹음이 시작되니 말로 질문하고 **오른쪽 보내기(⬆) 버튼**을 누르면 됩니다.

6

입력 창 오른쪽의 '**두 번째 물결 모양**' 아이콘()을 누르면 AI와 직접 대화하는 기능을 사용할 수 있습니다.

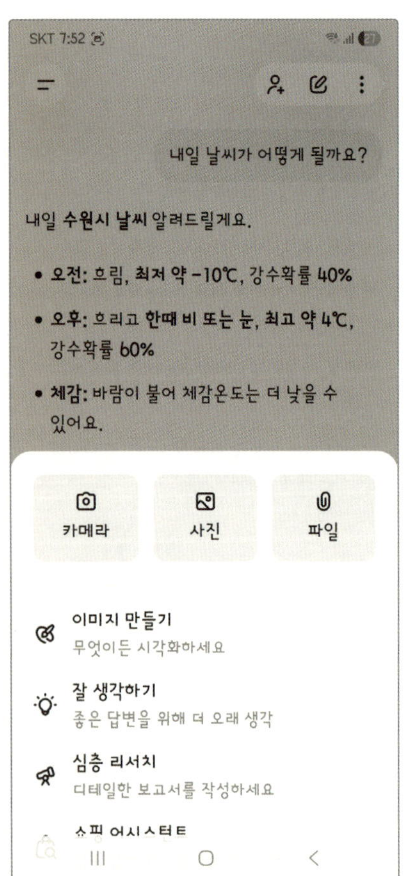

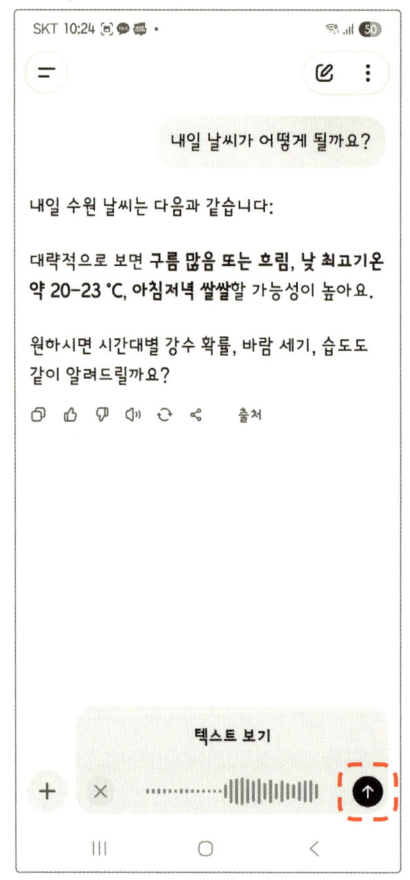

❼

ChatGPT와 대화 중 화면 왼쪽 상단의 **두 줄(≡) 아이콘**을 눌러 추가 메뉴를 확인할 수 있습니다.

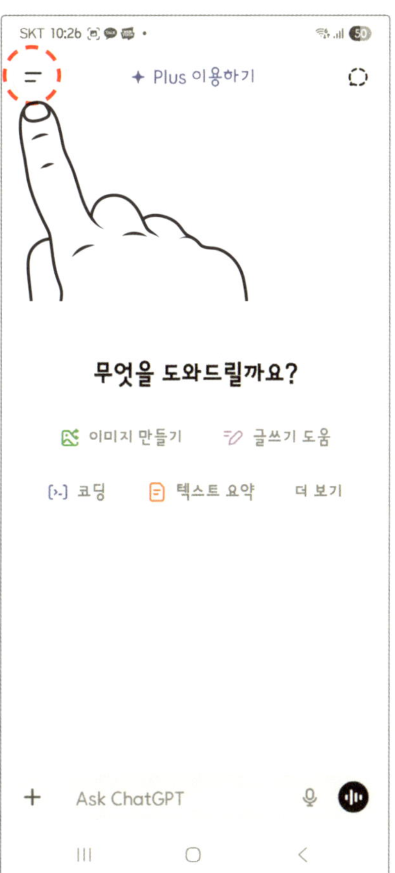

❽

[새 채팅]을 눌러 새로운 대화를 시작할 수 있으며 목록 하단으로는 지난 대화 내역을 확인하고 이동할 수 있습니다.

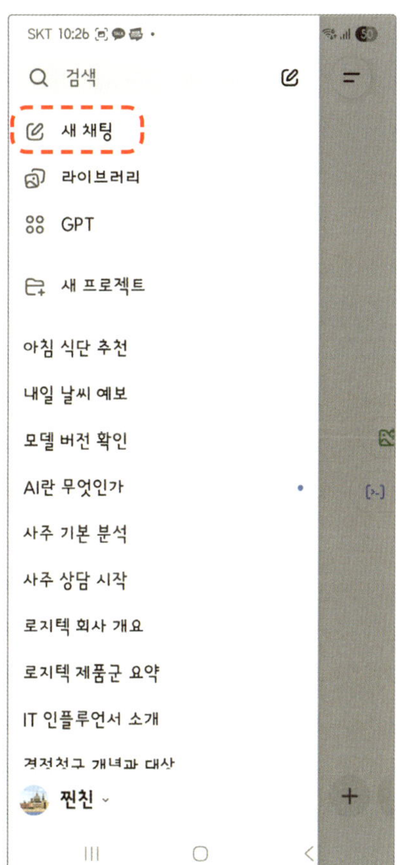

❾

일반 설정 및 Plus 업그레이드 등의 메뉴를 이용하려면 해당 화면 하단 프로필을 선택하면 됩니다.

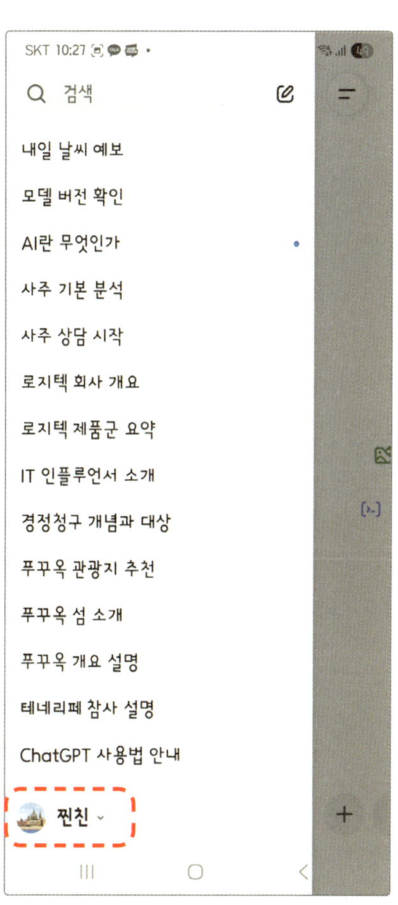

◀◀

새로운 주제는 새 채팅에서 진행하는 것이 좋습니다. 내용이 섞이면 답변 오류가 나올 수 있습니다.

❿

일반 설정, 유료 버전인 Plus로 업그레이드, 개인 맞춤 설정 등을 확인하고 변경할 수 있습니다. 또한 [로그아웃]도 여기에서 가능합니다.

⓫

설정 메뉴에서 **'보안'**에서는 로그인 시 추가 보안 질문에 답변해야만 접속이 가능하도록 보안을 강화하는 설정이 가능합니다.

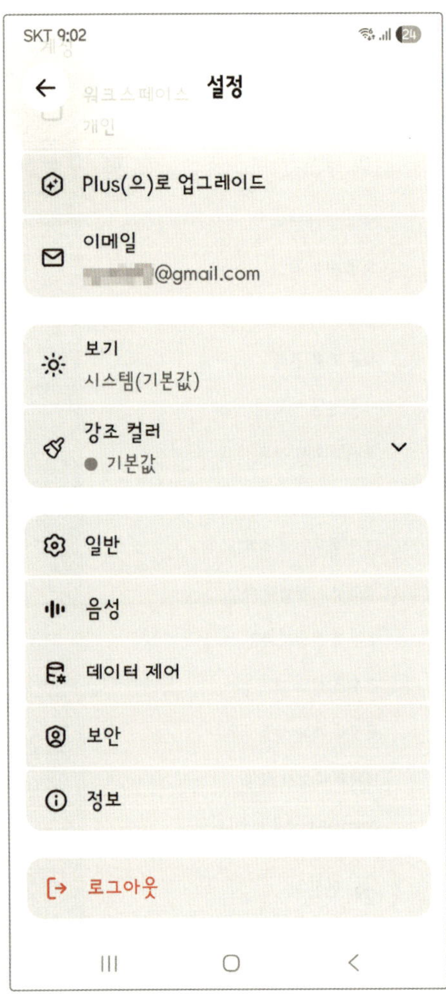

일반 > 언어 메뉴에서는 ChatGPT 앱 언어를 변경할 수 있습니다.

ChatGPT 모바일 앱은 한눈에 보기 쉽게 구성되어 있습니다. 화면 왼쪽 상단의 **두 줄(=) 아이콘**은 메뉴와 설정, 중앙은 대화 내용, 아래는 입력 영역으로 구분되어 있으며, 모든 기능이 손끝 한 번으로 작동합니다. 한두 번 눌러보면 금세 익숙해지고, 어디서든 바로 질문하고 답변을 받을 수 있는 도구가 됩니다.

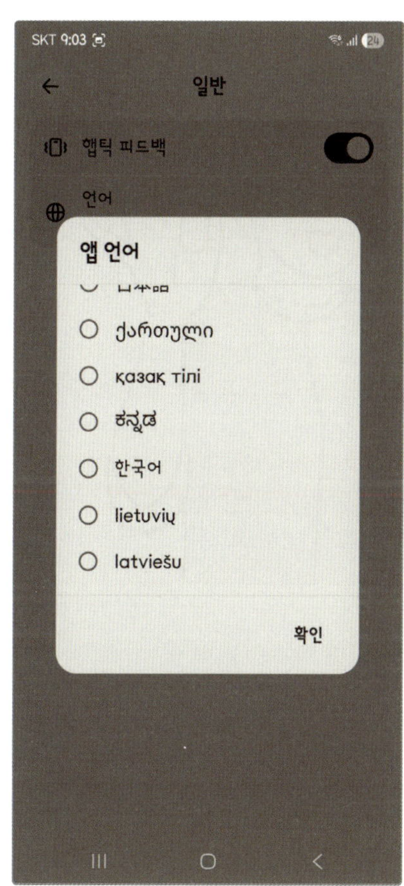

- 굳이 존댓말이나 경어를 사용할 필요가 없습니다. "고마워" "미안해"와 같은 감정 표현 역시 하지 않아도 괜찮습니다.

- 대화 내용은 자동으로 저장되므로 앱을 닫아도 사라지지 않습니다. 다음에 다시 열면 이어서 볼 수 있습니다.

- 너무 많은 대화가 쌓였다면 왼쪽 상단의 메뉴(=)에서 필요 없는 대화를 길게 눌러 삭제할 수 있습니다.

2-3 제미나이도 가입해볼까요?

> 유튜브에서 봤던 건강 정보를 바로 물어보고 싶을 때 편리합니다. 손주가 숙제하는 걸 도와주다 모르는 단어가 나왔을 때 바로 확인할 수 있습니다. 여행 준비나 생활 꿀팁을 쉽게 정리하고 싶을 때도 유용합니다.

요즘 뉴스나 유튜브에서 ChatGPT만큼이나 자주 들리는 단어 중 하나가 바로 '제미나이(Gemini)'입니다. 구글이 만든 인공지능 서비스로 챗GPT처럼 대화를 주고받을 수 있는 '생성형 AI'입니다. 복잡할 것 같지만 사실 구글 계정만 있으면 누구나 쉽게 가입하고 사용할 수 있습니다.

제미나이 가입해 보기

①

제미나이는 플레이스토어(갤럭시)나 앱스토어(아이폰)에서 검색 후 휴대폰에 설치할 수 있습니다. 다운로드 후 [사용] 버튼을 눌러 실행해 줍니다.

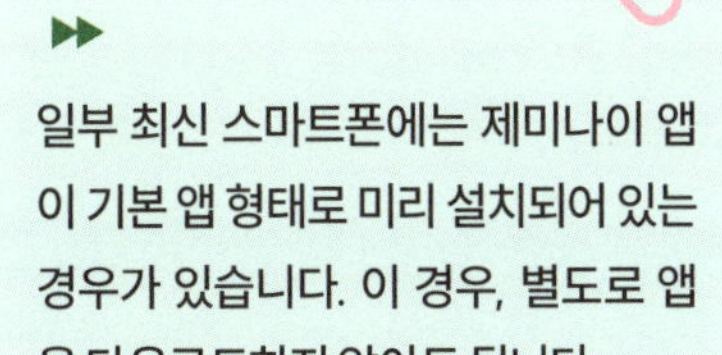

▶▶

일부 최신 스마트폰에는 제미나이 앱이 기본 앱 형태로 미리 설치되어 있는 경우가 있습니다. 이 경우, 별도로 앱을 다운로드하지 않아도 됩니다.

②

제미나이를 실행하면 구글 계정으로 로그인을 해야 합니다. 구글 계정이 없다면 가입을 먼저 진행해 주어야 합니다. 로그인을 완료했다면 ChatGPT와 흡사한 화면을 볼 수 있습니다. 상단에 제미나이 AI 모델 종류가 표시되며, 하단에는 입력 창이 위치해 있습니다.

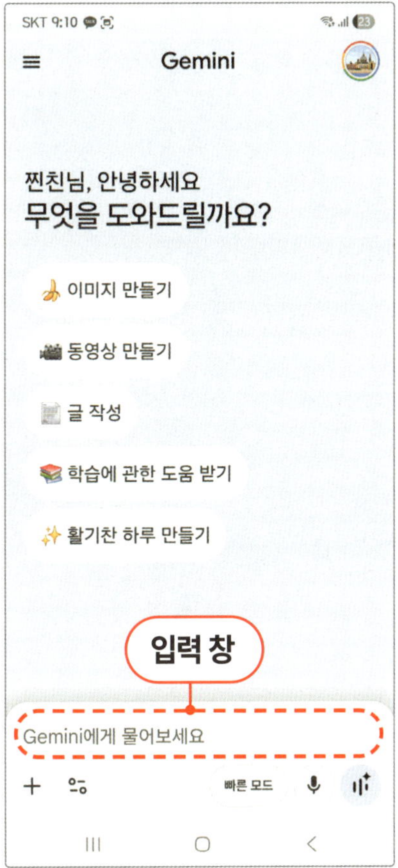

③

ChatGPT처럼 하단 입력 창에 질문을 입력해 주면 됩니다. 예를 들어 "오늘 서울 날씨 알려 줘.", "고혈압에 좋은 음식은?"과 같이 질문을 입력하고 전송하면 제미나이가 답변해 줍니다.

프롬프트

고혈압에 좋은 음식을 10가지 추천해 주세요.

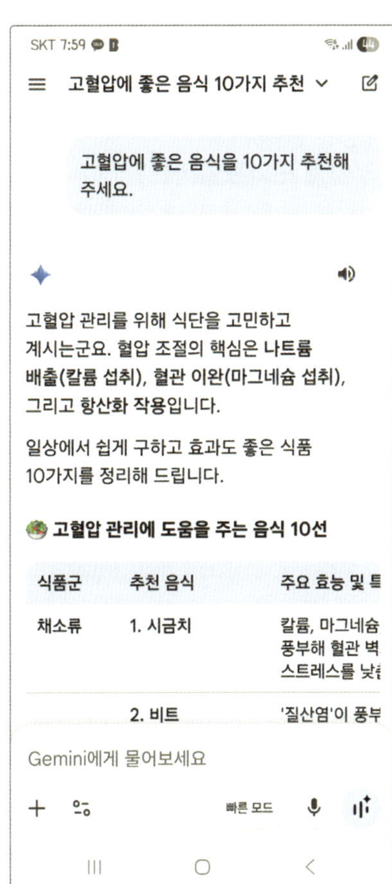

입력 창의 오른쪽 첫 번째 **마이크 모양(🎤) 버튼**을 누르면 음성으로 질문을 입력할 수 있습니다.

입력 창 오른쪽 **두 번째(|||) 아이콘**을 누르면 제미나이와 직접 음성으로 대화하면서 정보를 주고받을 수 있는 Live 채팅이 시작됩니다. 인공지능의 목소리는 처음 사용 때 선택할 수 있으며 이후 언제든지 설정에서 변경할 수 있습니다.

글씨 크기는 오른쪽 상단 **프로필 아이콘 > 설정 > 자막 환경설정**에서 변경할 수 있습니다. 글자가 작아 보기가 불편하다면 글씨 크기를 변경해 주면 됩니다.

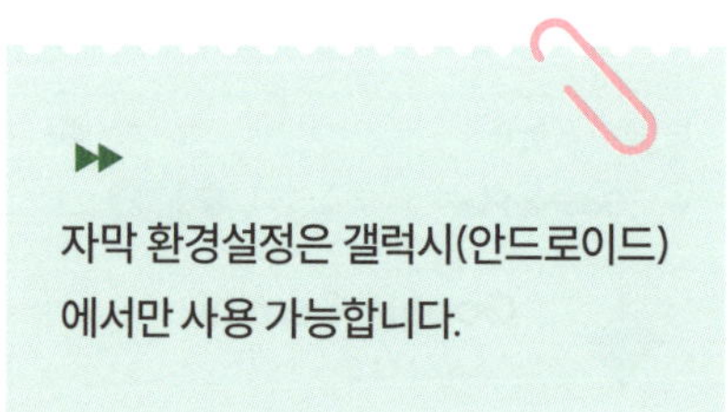

▶▶ 자막 환경설정은 갤럭시(안드로이드)에서만 사용 가능합니다.

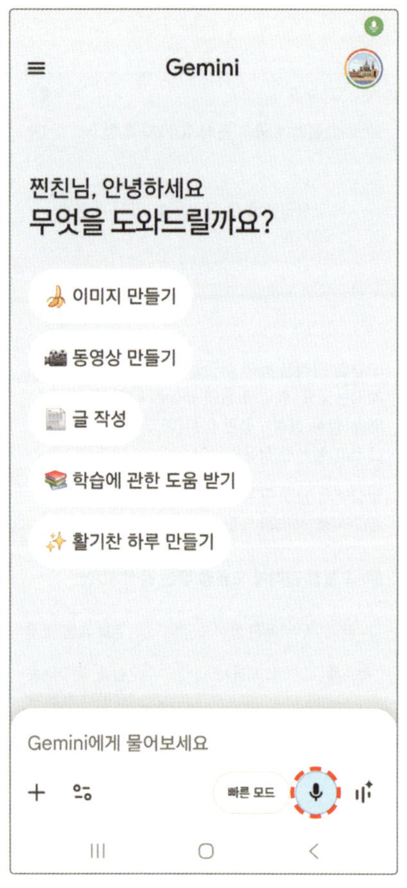

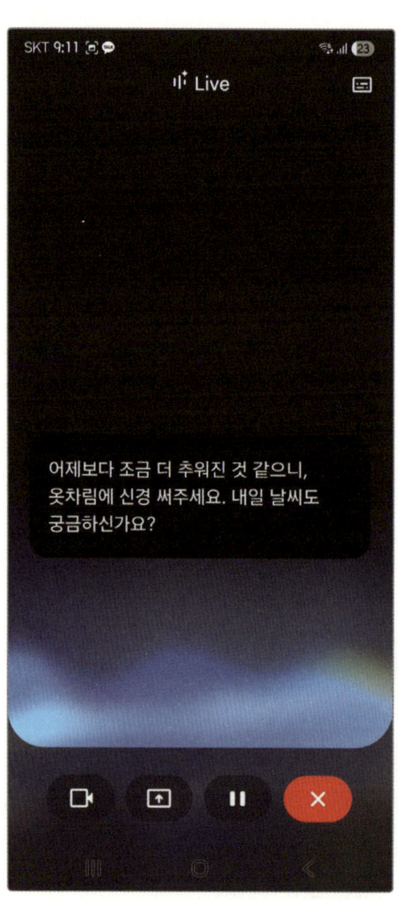

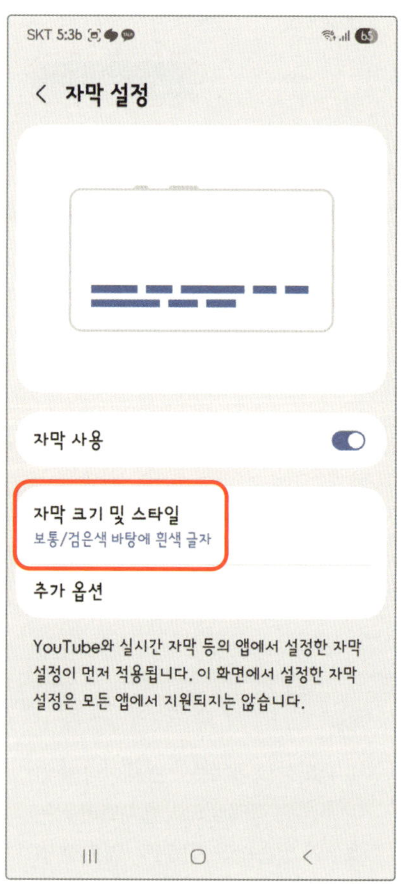

7

화면 왼쪽 상단의 세 줄(☰) 아이콘을 눌러 새 채팅을 진행하거나 그동안 나누었던 대화 목록을 확인할 수 있습니다. 대화 목록을 길게 눌러 삭제 또한 진행할 수 있습니다.

제미나이는 복잡한 인공지능이 아니라 생활 속에서 편하게 사용할 수 있는 도우미입니다. 구글 계정만 있으면 누구나 사용할 수 있고, ChatGPT와 인터페이스나 사용 방법이 거의 동일해 시니어분들도 어렵지 않습니다. 건강 정보부터 생활 팁까지 궁금한 점을 바로 물어보는 습관만으로도 삶이 훨씬 편해집니다.

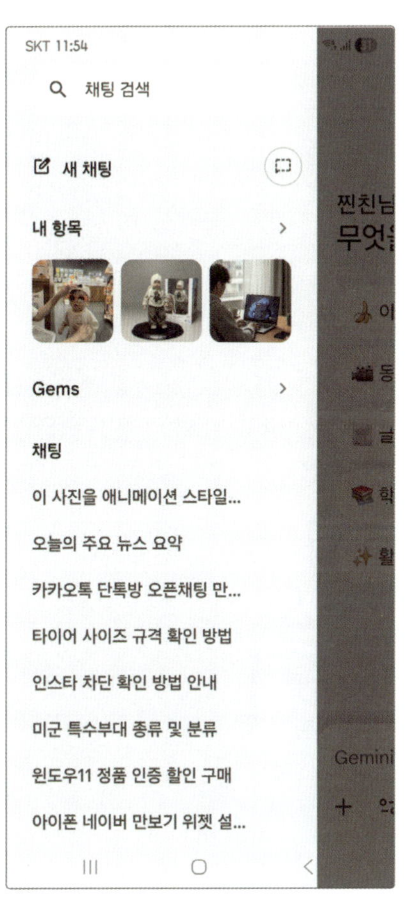

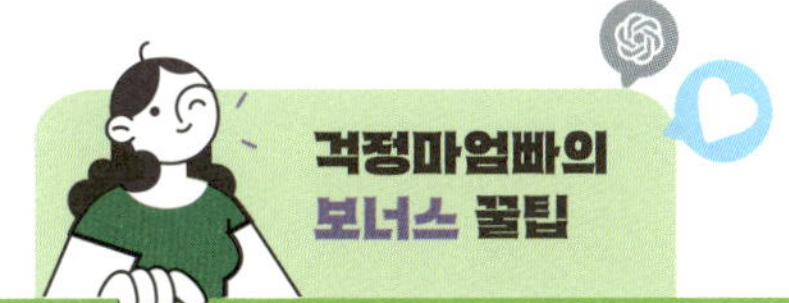

▶ 답이 애매하면 새 대화를 시작해 같은 질문을 짧고 분명하게 다시 물어보거나 "근거 링크도 함께 보여 줘."처럼 조건을 붙여 정확도를 높이면 좋습니다.

▶ 제미나이 역시 무료 버전으로 일상적인 사용은 가능하지만, 심층적인 데이터 분석이나 복잡한 추론을 위해서는 유료 버전 결제가 필요합니다.

▶ 제미나이는 빠른 답변 필요, 주제의 수준에 따라서 모드를 선택할 수 있습니다. **빠른 모드**는 답변을 보다 빠르게 제공하며, **사고 모드**는 시간은 좀 더 걸리지만 복잡한 주제라도 정확한 답변을 받을 수 있습니다.

왕초보 시니어도 쉽게 따라 하는
챗GPT 사용법

3장

외로움을 달래 주는 AI

3-1 GPT엔 다양한 친구들이 있어요(Maple, Breeze 등)

이럴 때 편리해요

> 신문을 읽기 어려운 날에는 인터넷 기사를 AI가 대신 읽어 주니 편합니다. 요리나 운동 중에도 손을 쓰지 않고, "이거 어떻게 하지?"라고 물으면 바로 대답해 줍니다. 또 혼자 있는 시간에도 따뜻한 목소리로 대화를 나누며 하루를 정리할 수 있습니다.

이제는 글로만 대화하던 인공지능이, 사람처럼 목소리로 이야기하는 시대가 되었습니다. 특히 ChatGPT는 '음성 모드'를 통해 실제 사람처럼 자연스러운 대화를 나눌 수 있어, 기존의 기술 중심 도구에서 감성적인 소통 도구로 진화하고 있습니다. 하지만 처음 접하는 분들은 "목소리가 어떤 느낌일까?", "내 성향엔 어떤 게 맞을까?" 궁금해하실 텐데요.

오늘은 ChatGPT의 여러 가지 목소리 친구들을 한눈에 볼 수 있도록 정리하고, 목소리를 바꾸는 방법까지 알려드리겠습니다.

ChatGPT 음성 모드 이용하기

ChatGPT의 음성 모드는 앱 실행 화면에서 입력 창 **오른쪽 두 번째 (◉) 버튼**을 누르면 실행할 수 있습니다.

해당 기능을 처음 이용하는 경우 여러 가지 목소리 중 하나를 선택할 수 있습니다. 이후 대화하듯이 편하게 질문을 하거나 이야기를 걸면 AI가 자연스럽게 대답을 이어나갑니다. "오늘 날씨 어때요?"와 같은 가벼운 질문으로 대화를 시작해 보세요.

음성 모드 화면에서는 AI가 계속 주변 소리를 듣게 됩니다. 잠시 내 목소리가 들리지 않게 하려면 왼쪽 하단 **마이크(🎤) 버튼**을 눌러 마이크를 잠시 꺼주시면 됩니다.

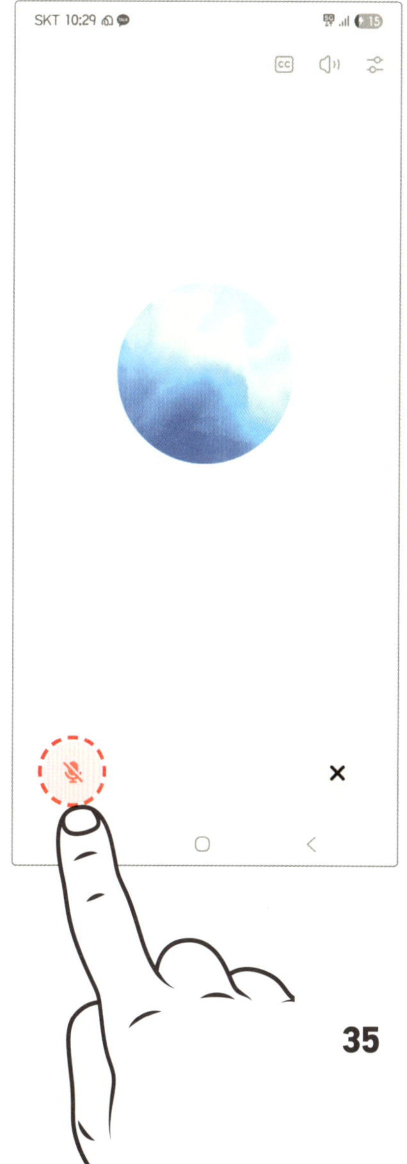

4

오른쪽 **하단의 X(×) 버튼**을 누르면 음성 모드가 종료되고 지금까지의 대화를 텍스트로 확인하실 수 있습니다.

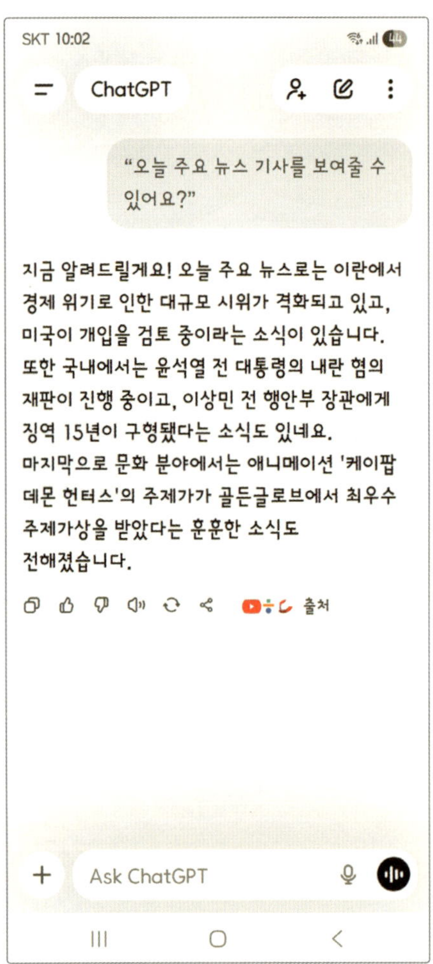

5

제공되는 음성들은 각각 다른 특징을 가지고 있습니다. 아래 표를 참고해 주세요.

목소리 이름	목소리 특징	어울리는 상황
Maple	밝고 솔직한 톤, 친근하고 상냥함	일상 대화, 뉴스 요약
Ember	자신 있고 낙관적인 톤, 활기 넘침	하루 계획, 동기 부여 대화
Arbor	느긋하고 자유로운 느낌	힐링, 감성적인 대화
Sol	야무지고 느긋한 말투, 차분함	정리나 설명 위주 대화
Cove	침착하고 직설적인 말투	정보 정리, 진지한 대화
Spruce	차분하고 긍정적인 톤	하루 회고, 명상 대화
Breeze	활기차고 진지한 말투	학습, 목표 설정, 일정 관리
Vale	밝고 호기심 많은 느낌	여행, 새로운 정보 탐색
Juniper	개방적이고 즐거운 톤	취미 이야기, 음악 추천

▶▶

해당 음성은 추후 버전 업데이트에 따라 추가 혹은 변경될 수 있습니다.

6

처음 목소리를 선택한 이후에 다른 목소리로 변경을 하고 싶은 경우에는 **설정 > 음성 > 음성** 순서로 들어가 변경할 수 있습니다.

ChatGPT의 음성 모드는 기술보다 사람을 향한 배려에 가깝습니다.

여러 개성 있는 목소리 중에서 나에게 어울리는 친구를 고르는 재미가 있습니다. 이제는 글 대신 말로, 더 쉽게 AI와 함께할 수 있는 시대가 되었습니다. 시니어분들도 어렵게 생각하지 말고, 오늘 한 번 'Maple'이나 'Spruce'와 이야기해 보시길 추천드립니다.

▶ 음성 설정에서 '**배경 대화**' 기능을 켜면 다른 앱 또는 휴대폰 화면이 꺼져 있을 때에도 대화를 시작할 수 있습니다.

▶ 입력 언어를 외국어로 설정하면 마치 원어민과 대화하듯이 회화 연습도 가능합니다.

▶ 대화 내용은 자동으로 저장되어, 이전 대화를 다시 확인할 수 있습니다.

▶ 인터넷 연결 상태가 원활할 때 더욱 안정적으로 대화할 수 있습니다.

3-2 내 사주도 본다? 불안한 미래 대신 AI에게 물어보기

나이가 들수록 건강, 가족, 재물에 대한 걱정이 커집니다. 예전에는 철학관이나 역술인에게 찾아가야 했지만, 이제는 스마트폰만 있으면 AI에게 바로 물어볼 수 있습니다. AI가 예언자는 아니지만, 내 인생을 돌아보게 해 주는 '조언자' 역할을 톡톡히 해 줍니다.

ChatGPT로 사주 보기

1

GPT 대화 창에 [사주 프롬프트]를 아래와 같이 입력해 보세요. 연도, 월, 일, 시간까지 입력해 주는 것이 좋습니다.

2

GPT가 전통 사주 이론을 참고해 기본적인 성격 분석, 직업운, 연애운, 가족운에 대한 설명을 시작합니다.

3

설명을 자세히 읽어 보고 궁금한 주제별로 추가 질문을 진행합니다.

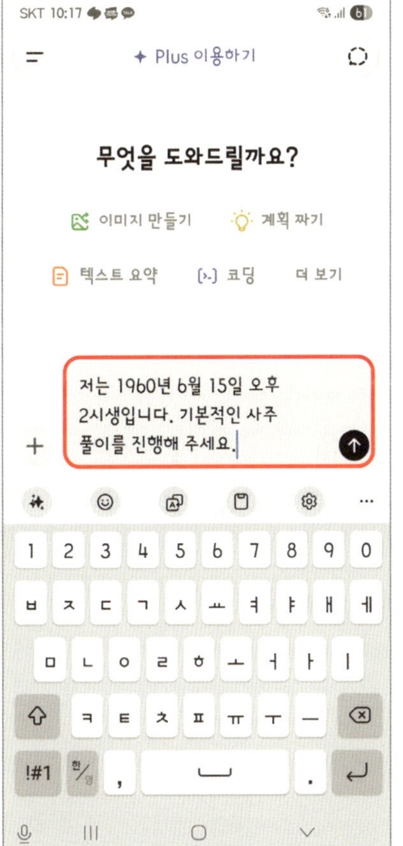

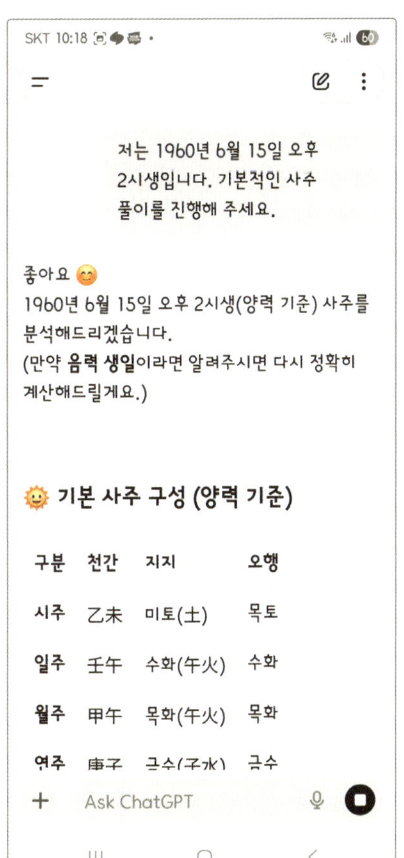

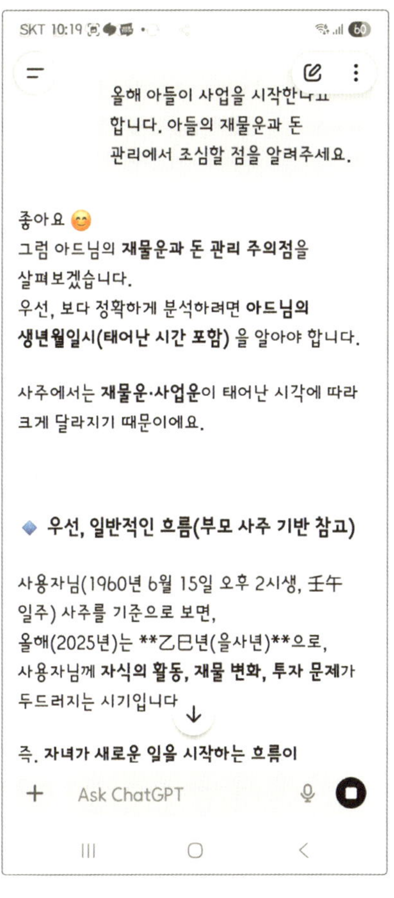

4

해당 기능은 1회성으로 종료되지 않습니다. 구체적인 설명을 곁들일수록 더 자세한 조언을 들을 수 있습니다.

5

비교 질문이나, 특정 날짜 활용, 비유 등을 요청하면 이해하기 쉬운 설명을 받을 수 있습니다.

제 남편은 1955년 3월 2일 새벽 5시생입니다. 건강 중에서도 심장과 혈압 관련해서 특히 조심할 점을 알려 주세요.

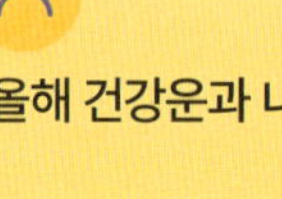

올해 건강운과 내년 건강운을 비교해 주세요.

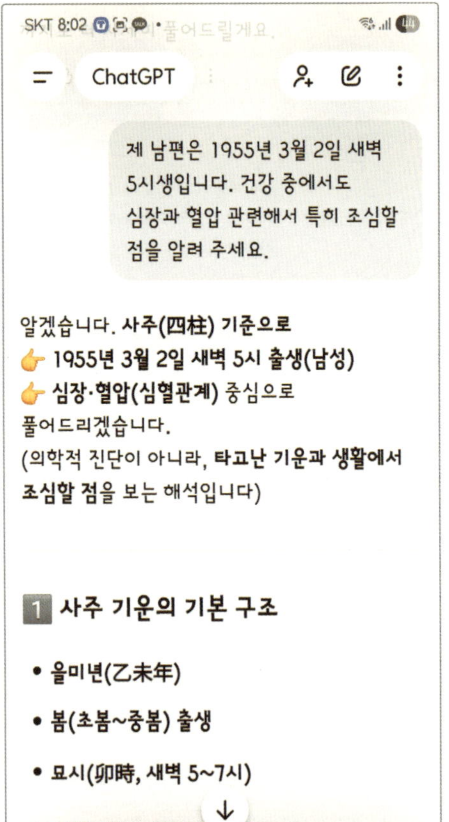

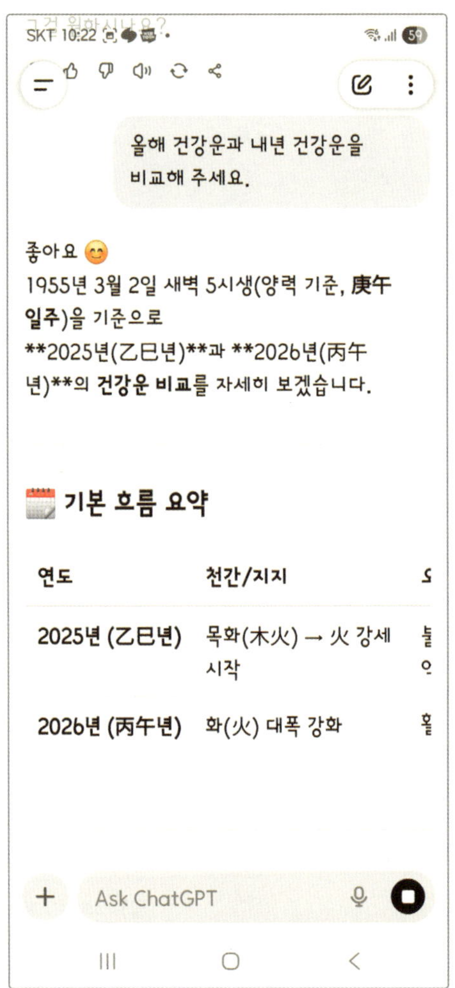

궁합 기능도 제공합니다. 자녀가 결혼을 앞두고 있다면 두 사람의 생년월일을 넣어 궁합을 AI에게 점쳐 보는 것도 가능합니다.

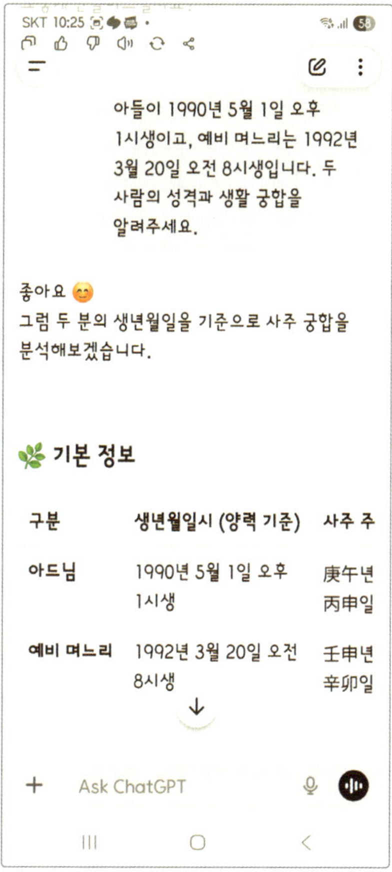

구분	생년월일시 (양력 기준)	사주 주
아드님	1990년 5월 1일 오후 1시생	庚午년 丙申일
예비 며느리	1992년 3월 20일 오전 8시생	壬申년 辛卯일

AI 사주 기능은 미래를 정확히 맞히는 점술이 아닙니다. 하지만 누구에게도 말하지 못했던 고민을 꺼내 놓고, 스스로를 돌아보게 만드는 계기가 될 수 있습니다. 다만, 그 속에 담긴 조언이나 권고를 나를 위한 작은 힌트로 삼는다면, 더 건강하고 여유 있는 생활을 꾸리는 데 도움이 될 것입니다.

- 사주 질문은 한 번만 던지지 말고, 표현을 달리해서 여러 번 시도해 보세요. 공통되는 대목이 나오면 신뢰할 수 있는 힌트가 됩니다.

- 단순히 "올해 운세는 어때요?"보다는 "올해 건강 중에서 혈압에 특히 주의할 점은?"처럼 구체적으로 물을수록 답변이 현실적으로 바뀝니다.

- 가족 간의 궁합을 물어보는 것도 재미있습니다. 자녀나 손주의 생년월일을 넣고 비교하면 대화 소재로 활용할 수 있습니다.

- 답변을 그대로 두지 말고, 필요한 부분은 복사해 메모 앱에 옮겨 적어 두면 생활 습관을 관리하는 데 도움이 됩니다.

3-3 요즘 젊은 세대도 한다는 AI 심리 상담

이럴 때 편리해요

> 혼자 있는 시간이 많아 외로울 때,
> 누군가에게 고민을 털어놓기 부담스러울 때,
> 밤에 잠이 안 오고 마음이 복잡할 때
> ChatGPT와 이야기하면 위로가 됩니다.

요즘 젊은 세대 사이에서 'AI 심리 상담'이 조용한 유행처럼 퍼지고 있습니다. 병원이나 상담실에 가지 않아도, 스마트폰 하나로 ChatGPT 같은 AI에게 마음을 털어놓는 시대가 된 것입니다. 바쁜 일상 속에서 스트레스가 쌓이고 외로움이 깊어질수록, 사람들은 점점 더 편하고 솔직하게 대화할 수 있는 방법을 찾고 있습니다. 이제는 젊은 세대뿐 아니라 시니어 세대에게도 AI 상담은 마음을 다독이는 새로운 선택지가 되고 있습니다.

ChatGPT로 AI 심리상담 해 보기

①

ChatGPT는 단순한 대화 도우미가 아니라 감정을 들어주고 정리해 주는 '**디지털 상담자**'로 사용됩니다. 젊은 세대들도 "오늘 너무 지쳤어요."처럼 짧은 문장으로 대화를 시작하며 마음의 짐을 덜어냅니다. AI는 즉시 공감의 말을 건네며, 사용자가 감정을 스스로 이해하도록 도와줍니다.

②

AI 상담의 가장 큰 장점은 **익명성과 편안함**입니다. 사람에게 말하기 어려운 이야기라도 AI에게는 부담 없이 털어놓을 수 있습니다. 특히 젊은 세대는 평가받지 않는 대화의 공간에서 솔직함을 되찾고 있습니다.

③

또 하나의 장점은 '**언제 어디서든 가능하다.**'라는 점입니다. 병원 예약도, 대기 시간도 없습니다. 잠 못 이루는 밤에도 ChatGPT는 대화 상대가 되어줍니다. 시니어분들께서도 "오늘 하루 마음이 허전했다."라는 말 한마디로 시작해 보시면 좋습니다.

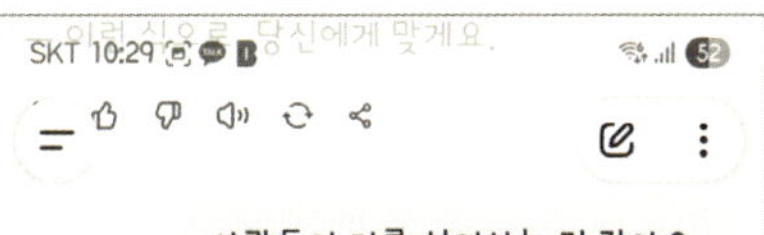

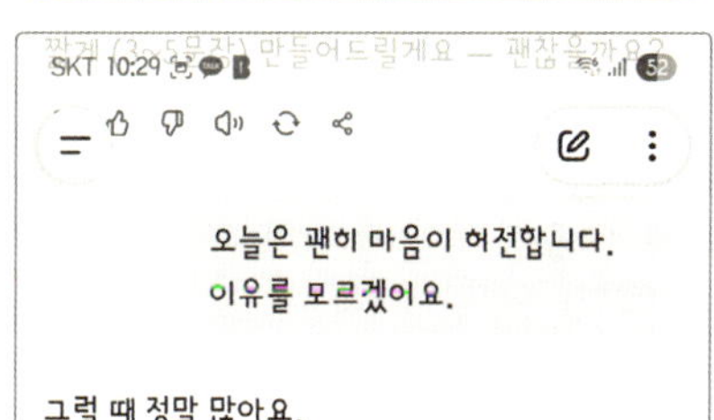

❹

ChatGPT는 단순히 위로만 하는 것이 아니라, 심리적 패턴을 분석하여 감정의 흐름을 함께 살펴봅니다. 예를 들어, 자주 등장하는 단어를 인식해 이용자의 심리 상태를 알려 줍니다. 이는 스스로를 객관적으로 바라보는 계기가 됩니다.

❺

AI 심리 상담은 **'감정 일기'**처럼도 사용할 수 있습니다. 하루를 돌아보며 기분을 기록하면, ChatGPT가 부드럽게 피드백을 주고 긍정적인 마무리를 도와줍니다. 젊은 세대는 이를 **'마음 정리 루틴'**으로 삼기도 합니다.

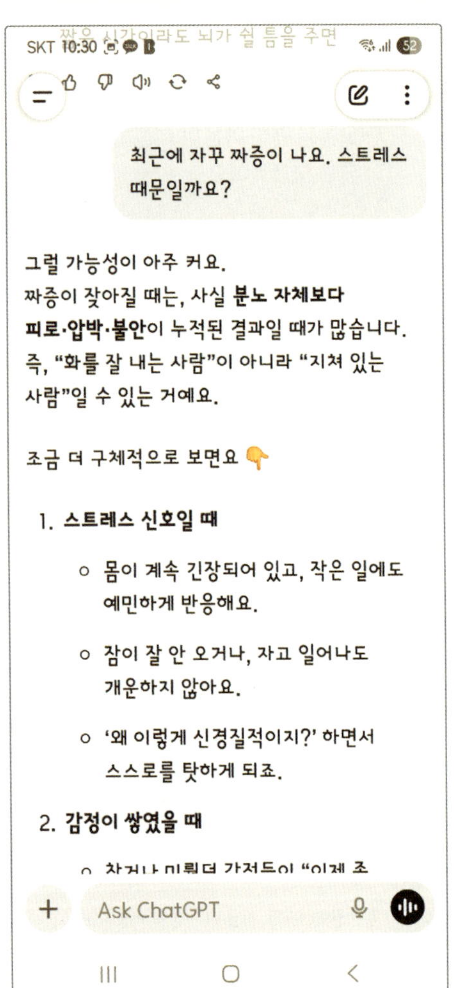

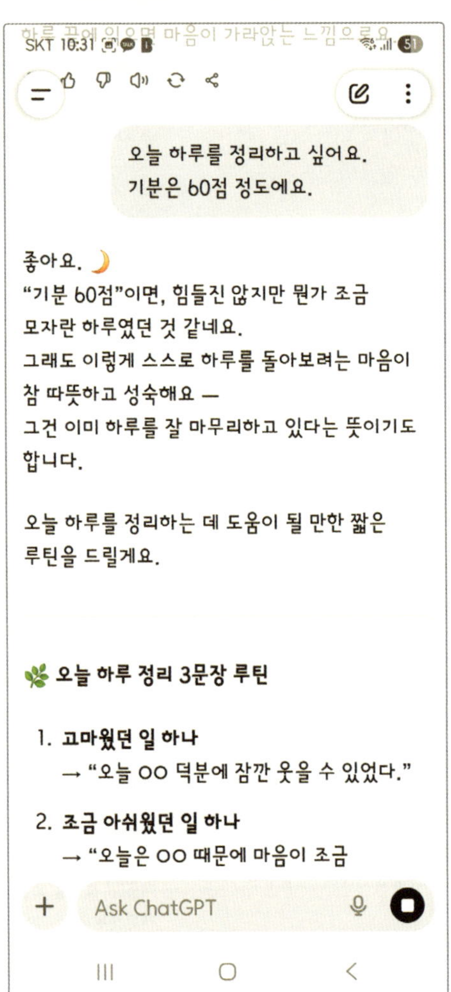

6

마지막으로, ChatGPT는 대화를 기억하고 이어가기 때문에 '나를 이해하는 친구' 같은 존재로 느껴집니다. 대화가 쌓일수록 신뢰감이 형성되고, 혼자라는 외로움이 줄어듭니다. 시니어 세대에게도 AI는 새로운 형태의 마음 친구가 될 수 있습니다.

AI 심리 상담은 단순한 기술이 아니라 '마음을 돌보는 도구'로 자리 잡고 있습니다. 젊은 세대는 물론, 시니어 세대에게도 익숙하지 않은 디지털 세계 속에서 따뜻한 위로를 건네는 통로가 되어 줍니다. 물론 전문가의 상담을 완전히 대체할 수는 없지만, 혼자서 감정을 정리하고 위로받고 싶을 때 ChatGPT는 든든한 동반자가 되어 줍니다.

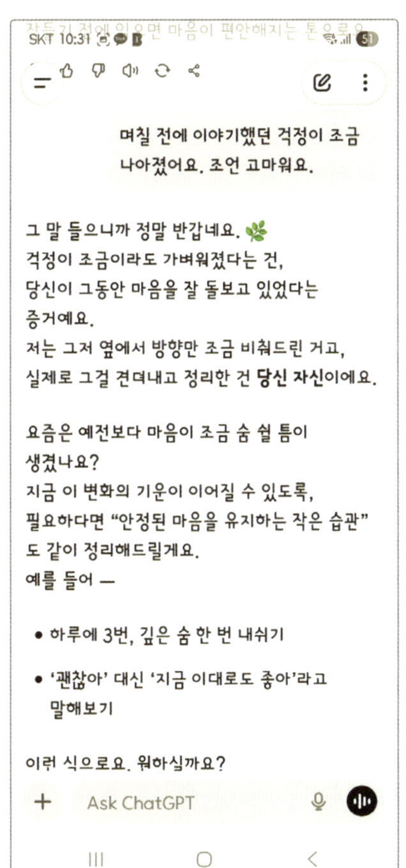

▶ 매일 밤 5분 정도 '감정 일기'를 써 보면, 스트레스 해소에 도움이 됩니다.

▶ 우울감이나 불면증이 지속된다면, AI 대화는 보조적인 수단으로만 활용하고 전문 상담이나 의료적 도움을 병행하는 것이 바람직합니다.

4장

"사진 한 장으로 이렇게까지?"

충격적인
이미지 편집 기능

4-1 평범한 사진이 애니메이션으로 변신

이럴 때 편리해요

> 여행 사진을 특별한 추억으로 남기고 싶을 때 좋습니다. 손주나 가족 사진을 재미있게 꾸며 선물하고 싶을 때 유용합니다. SNS나 블로그에 올릴 이미지를 독특하게 바꾸고 싶을 때 활용하면 좋습니다.

요즘은 특별한 장비나 복잡한 기술이 없어도, 누구나 자신의 사진을 애니메이션 스타일로 바꿀 수 있는 시대가 되었습니다. 예전에는 전문가만 할 수 있던 그림 변환이 이제는 ChatGPT 와 같은 AI 도구로 단 몇 초 만에 가능합니다. 특히 동화책 삽화 나 유명 만화 영화의 한 장면처럼 우리에게 친숙한 스타일로 변 신시키면 추억이 깃든 사진도 새롭게 느껴집니다.

내가 찍은 사진, 애니 이미지로 만들기

❶

ChatGPT 앱을 실행한 다음 **+** 버튼을 누릅니다.

❷

[사진]을 누르고 애니메이션 스타일로 바꿀 사진을 앨범에서 선택해 줍니다.

❸

사진을 선택했다면 아래와 같이 입력한 후 전송합니다.

프롬프트
이 사진을 애니메이션 스타일로 바꿔 주세요.

4

이미지를 생성하기 위해 약간의 시간이 소요됩니다. 조금 기다리면 애니메이션 스타일의 이미지 생성이 완성됩니다. 이미지가 나타났다면 선택 후 **[저장]** 버튼을 눌러 앨범에 다운로드할 수 있습니다.

5

이밖에도 평소 즐겨보던 만화나 영화 속 그림체로 변환해 달라고 요청할 수 있습니다. 이때 구체적인 묘사를 더할수록 AI가 의도를 더 잘 파악하니, 원하는 스타일의 특징을 자세히 설명해 보는 것도 좋습니다.

6

ChatGPT가 만들어 준 애니메이션 버전의 사진을 가족, 친구 등에게 전송하거나 SNS 프로필로 활용하면 눈길을 끌 수 있습니다.

ChatGPT를 이용하면 복잡한 편집 기술 없이도 누구나 사진을 애니메이션 이미지로 바꿀 수 있습니다. 또한 구체적인 애니메이션 작품명을 입력하면, AI가 해당 작품의 화풍과 특징을 참고하여 그 느낌을 살린 이미지를 구현해 줍니다. 나이가 들어도 새로운 기술을 즐기며 추억을 색다르게 기록할 수 있는 시대입니다. AI는 이제 어려운 도구가 아닌, 일상을 더 풍요롭게 만드는 친구입니다.

- 사진의 얼굴이 너무 작으면 인식이 어렵습니다. 인물은 중앙에 크게 나오게 촬영하세요.

- 원하는 분위기가 명확할 때는 유명한 애니메이션 제목을 힌트로 넣어보세요. AI가 그 작품 특유의 감성을 파악해 훨씬 더 그럴듯한 결과물을 만들어 줍니다.

- 여러 번 시도하면 스타일이 조금씩 달라집니다. 가장 마음에 드는 이미지를 고르면 됩니다.

업로드한 이미지는 학습이나 서비스 개선에 활용될 수 있으므로, 사용 전 반드시 개인정보 및 초상권 관련 이용 조건을 확인해야 합니다.

4-2 옛날 흑백 사진, 필름 사진 선명하게 복원하기

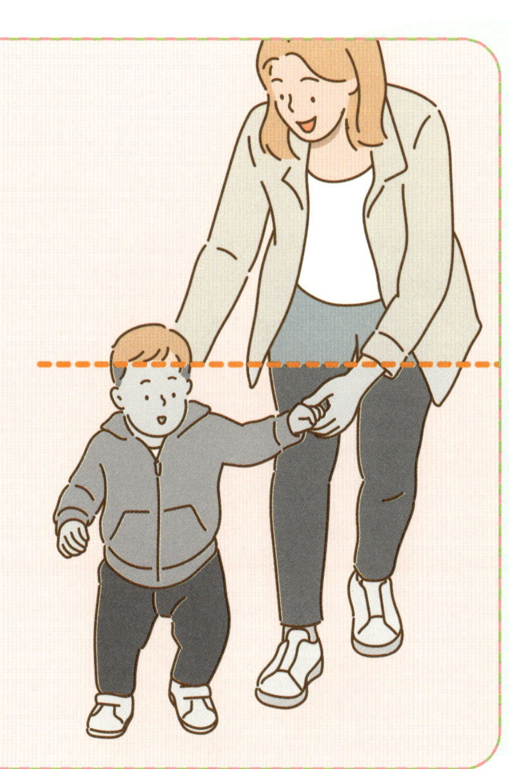

> 자녀 결혼식 때, 자녀가 어렸을 때 찍은 흑백 사진을 컬러로 바꾸어 슬라이드쇼를 만들고 싶을 때 유용합니다. 돌아가신 부모님이나 조부모님의 젊은 시절 흑백 사진을 컬러로 복원해 추억을 되살리고 싶을 때도 좋습니다. 옛날에 필름 카메라로 찍은 사진을 다시 꺼내 봤더니 색이 바래 흐릿해진 경우에도 사용할 수 있는 기능입니다.

예전 가족사진첩 속 흑백 사진을 보면 그 시절의 따뜻한 추억이 느껴지지만, 빛이 바래고 색이 사라져 아쉬운 경우가 많습니다. 요즘은 기술의 발전으로 스마트폰만으로도 오래된 사진을 컬러로 복원할 수 있게 되었습니다. 오늘은 ChatGPT를 이용해 흑백 사진이나 필름 사진을 자연스럽게 복원하고, 선명하게 살리는 방법을 단계별로 알려드리겠습니다.

오래된 사진 선명하게 만들기

❶

먼저 스마트폰으로 오래된 사진을 촬영해 줍니다. 해상도는 가능한 한 높아야 컬러로 복원할 때 사진이 선명하게 나오기 때문에 최대한 화면에 꽉 차게, 밝게 촬영하는 것이 중요합니다.

❷

ChatGPT 앱을 실행한 다음 입력 창에 복원할 흑백 필름 사진을 업로드해 줍니다.

❸

ChatGPT 입력 창에 사진을 업로드한 다음에는 아래와 같이 입력 후 전송합니다.

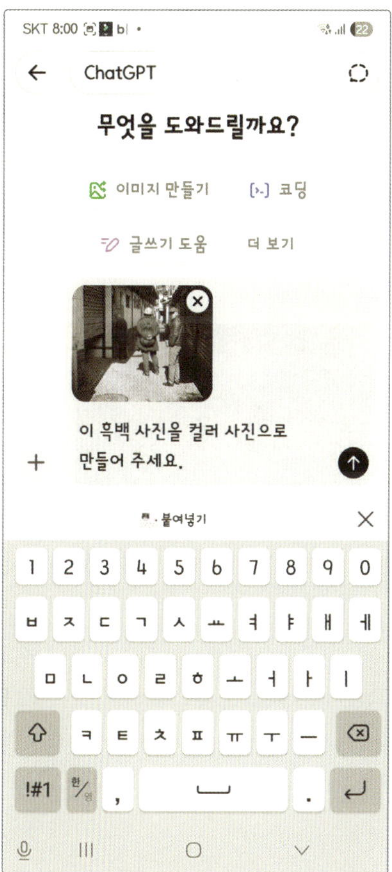

프롬프트

이 흑백 사진을 컬러 사진으로 만들어 주세요.

4

ChatGPT는 사진 속 인물, 배경, 조명 등을 분석해 실제 있었을 법한 색상을 복원합니다. 예를 들어 회색 머리카락은 흑갈색으로, 흐릿한 배경은 햇빛이 비치는 색조로 자동 변환됩니다.

5

결과물을 받은 뒤, 원본과 비교해 마음에 드는 색감으로 조정할 수 있습니다. ChatGPT에 사진에 대한 세밀한 요청을 더하면 더 마음에 드는 사진으로 복원할 수 있습니다.

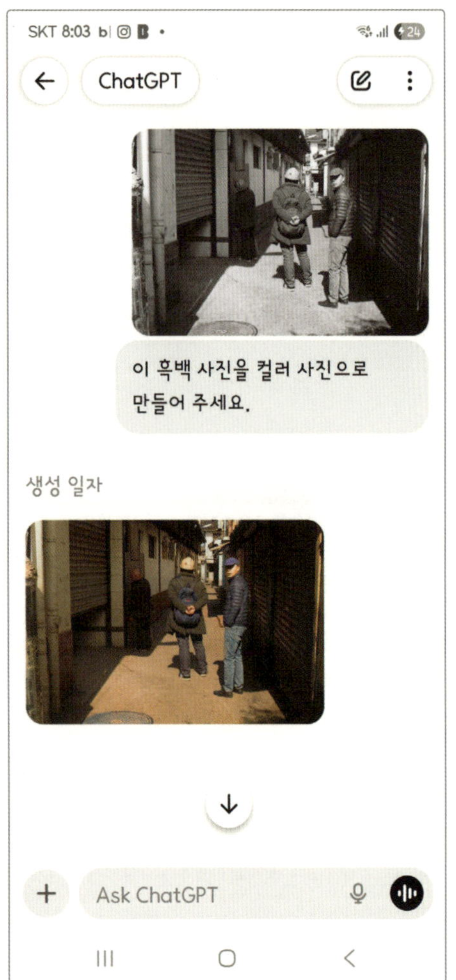

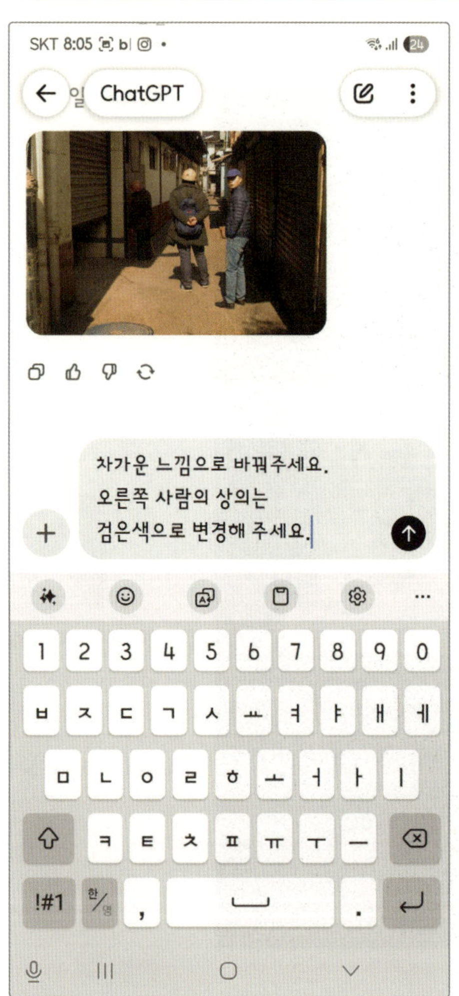

6

마지막으로 복원된 사진을 선택해 휴대폰 앨범에 저장해 줍니다. 이 사진 파일을 프린트하거나 사진관으로 가져가 사진으로 출력할 수 있습니다.

흑백 사진은 단순한 기록이 아니라, 그 시절의 공기와 감정을 담은 소중한 추억입니다. ChatGPT의 이미지 복원 기능을 활용하면 전문가에게 맡기지 않아도 직접 색을 복원하고 품질을 개선할 수 있습니다. 시니어 세대분들도 몇 번만 따라 하면 손쉽게 사용할 수 있으니, 가족과 함께 옛 추억을 되살려보시길 추천드립니다.

▶ 사진을 촬영할 때는 낮 시간대 자연광 아래에서 그림자 없이 촬영하면 복원 품질이 좋아집니다.

▶ 가족이나 지인과 함께 사진 복원 작업을 하며 그 시절 이야기를 나누면 추억 여행이 됩니다.

▶ 필름 사진의 경우, 먼지와 얼룩을 제거한 뒤 복원하면 결과가 훨씬 깨끗하게 나옵니다.

4-3 가족이 함께 찍은 듯 합성 사진 만들기

> 손주가 지방에 살아 자주 만나기 어려운 상황에서도, 가족 사진을 간편하게 남길 수 있습니다. 명절이나 생신 기념 사진을 준비하는 데 모두 한자리에 모이기 어려울 때도 유용합니다. 또한 오래된 흑백 사진 속 부모님과 지금의 가족을 한 장에 담고 싶을 때에도 활용하기 좋습니다.

요즘은 가족이 멀리 떨어져 살아도 ChatGPT를 통한 몇 번의 간단한 조작만으로 함께한 순간을 사진으로 남길 수 있습니다. 예전처럼 모두 모여 사진관에 가지 않아도, 각자 찍은 사진을 합성해 마치 한자리에서 찍은 것처럼 만들 수 있습니다. 오늘은 ChatGPT를 이용해 가족이 함께 있는 듯 자연스러운 합성 사진을 만드는 방법을 단계별로 안내해드리겠습니다.

합성 사진 만들어 보기

❶

휴대폰에서 ChatGPT 앱을 실행한 다음 입력 창에 합성할 사진을 업로드해 줍니다. 입력 창 왼쪽에 ⊕ 를 누르고 이어서 **[사진]**을 누르면 앨범으로 이동할 수 있습니다.

❷

사진을 모두 선택했다면 아래 프롬프트를 입력하고 전송합니다.

> 🧑 프롬프트
>
> 이 사진들을 다 함께 찍은 것처럼 단체 사진으로 만들어 주세요.

❸

잠시 뒤 각자 찍은 사진을 합성해 다 함께 찍은 것처럼 자연스러운 단체 사진이 생성됩니다.

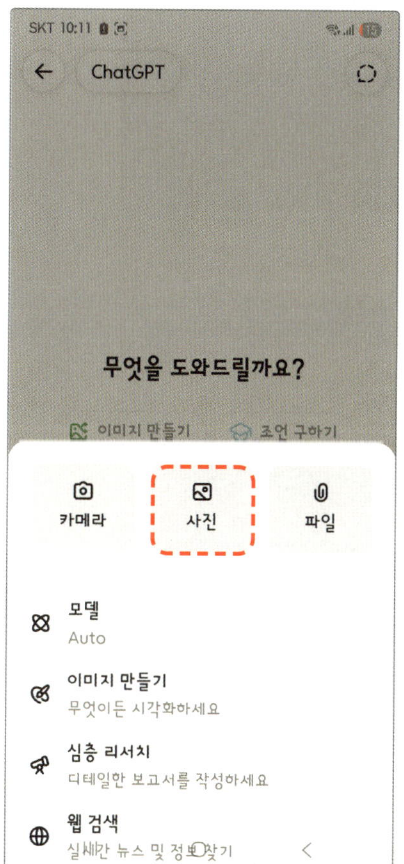

4

합성된 결과가 나오면 배경 변경을 요청할 수 있습니다. 그러면 배경까지 완벽한 합성 사진이 생성됩니다.

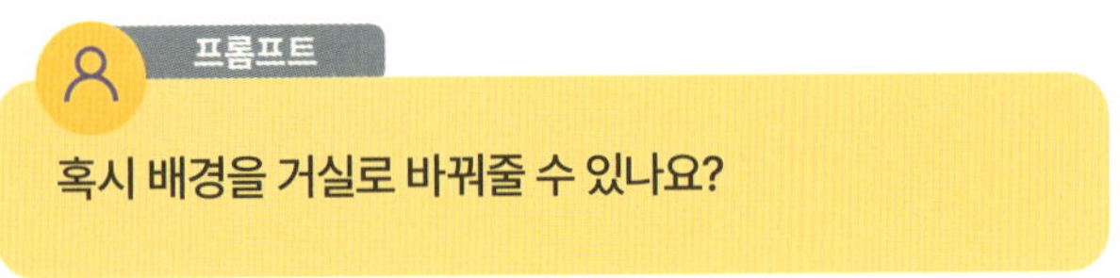

5

완성된 사진을 선택한 다음 [저장] 버튼을 눌러 휴대폰의 앨범으로 저장해 줍니다.

6

사진에 문구를 추가하는 등 추가 요청을 통해 원하는 합성 사진을 만들어 보세요.

이제는 멀리 있어도 마음만은 함께 있는 가족 사진을 손쉽게 만들 수 있습니다. ChatGPT의 이미지 합성 기능을 이용하면 사진관에 가지 않아도 자연스럽고 따뜻한 가족 사진을 완성할 수 있습니다. 몇 번의 대화로 수정과 보정이 가능하니, 시니어분들도 쉽게 따라 하실 수 있습니다.

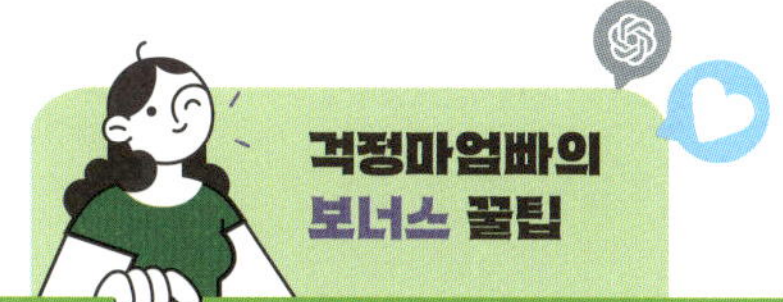

- ▶ 밝은 배경보다는 흰 벽이나 단색 천 앞에서 찍은 사진이 합성 결과가 깔끔합니다.

- ▶ 사진 해상도가 낮으면 얼굴이 흐릿해질 수 있으니, 가능한 한 원본을 업로드하세요.

- ▶ 옷의 톤을 비슷하게 맞추면 마치 한 공간에서 찍은 듯 자연스럽게 보입니다.

- ▶ 완성된 이미지는 카카오톡, 밴드에 업로드해 가족들과 공유해 보세요.

AI는 이미지를 생성할 때 기존에 학습된 수많은 인물의 데이터를 조합합니다. 따라서 결과물의 얼굴이 원본과 달라질 수 있으며, 타인의 특징이 일부 반영되기도 합니다. 반대로 내가 업로드한 사진 역시 AI의 학습 데이터로서 다른 사용자의 결과물을 만드는 데 기여할 수 있다는 점을 유의해 주세요.

4-4 요즘 최고 인기, 나노바나나 체험하기

이럴 때 편리해요

66 손주 사진을 귀여운 피규어 장난감 스타일로 변환해 보고 싶을 때 활용할 수 있습니다.

좋아하는 인물 사진을 색다른 모습으로 바꿔보는 데도 도움이 됩니다.

어려운 프로그램 없이 앱 하나로 간단히 AI 이미지를 만들어 볼 수 있습니다. 99

요즘 AI 그림 생성 기술이 빠르게 발전하면서, '나노바나나'라는 이름이 자주 들리기 시작했습니다. 나노바나나는 제미나이 앱 안에서 제공되는 이미지 생성 기능 중 하나입니다.

따라서 제미나이를 실행한 뒤 간단한 요청만 입력하면, 복잡한 설정 없이도 피규어 스타일 등 다양한 AI 이미지를 바로 만들어 볼 수 있습니다.

제미나이로 나노바나나 이용하기

제미나이(Gemini) 앱을 먼저 설치하고 로그인합니다. 플레이스토어나 앱스토어에서 'Gemini'를 검색하면 쉽게 찾을 수 있습니다. 구글 계정으로 로그인하면 바로 이용 가능합니다. 제미나이 앱을 실행했다면 바로 보이는 [이미지 만들기] 버튼을 누릅니다.

입력 창 왼쪽 '+' 버튼을 눌러 피규어 스타일로 만들 사진을 선택하고 업로드합니다.

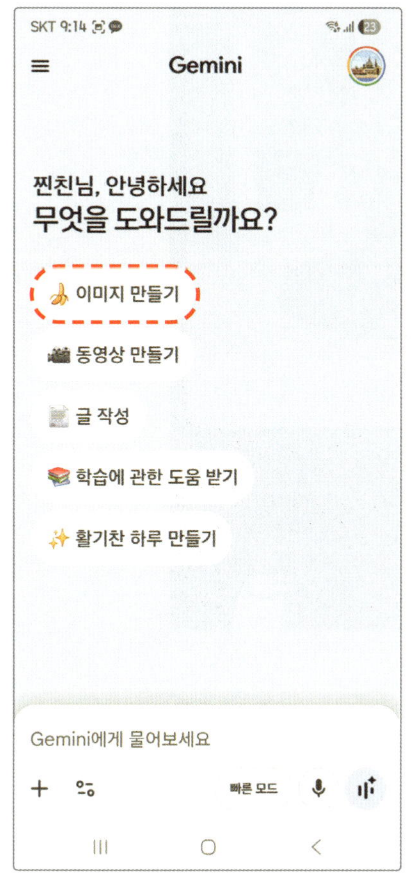

이제 입력 창에 아래 프롬프트를 누락없이 정확하게 입력해 줍니다.

> **프롬프트**
>
> 사진 속 캐릭터의 1/7 스케일 상품화 피규어를 실제 환경에서 사실적인 스타일로 제작해주세요. 고급스러운 전시용 베이스 위에 피규어를 배치하고, 전문 제품 사진 촬영과 같은 조명을 적용해 주세요. 배경에는 소매용 패키지 박스도 함께 포함해 주세요.

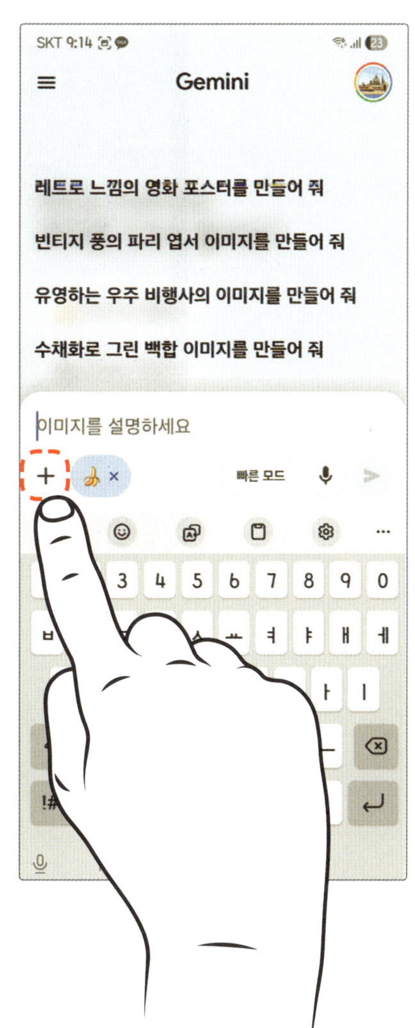

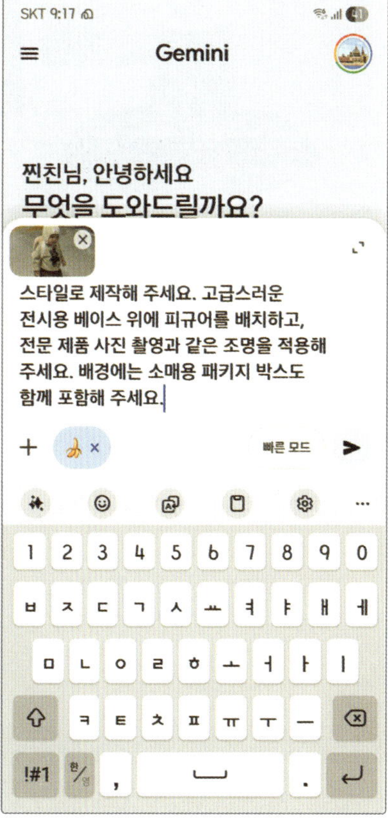

 **4**

잠시 뒤 실제 피규어를 전시해 놓은 듯한 이미지가 만들어집니다.

 **5**

이미지를 터치한 후 오른쪽 하단의 **[저장(⬇)] 버튼**을 누릅니다.

❻

하단에 **'이미지 다운로드됨'**이라는 표시가 나타났다면 오른쪽 **[열기]** 버튼을 눌러 사진을 휴대폰 앨범에서 확인하실 수 있습니다.

나노바나나는 전문적인 그래픽 지식이 없어도 피규어 스타일의 이미지를 쉽게 만들 수 있는 도구입니다. 제미나이 앱 안에서 바로 실행할 수 있어 추가적인 복잡한 설치나 회원가입이 필요하지 않습니다. 전문적인 디자인 프로그램을 사용하지 않아도 스마트폰만으로 충분히 AI 이미지를 만들어 볼 수 있으니, 시니어분들도 부담 없이 도전해 보시길 권합니다.

▶ 피규어 이미지를 만들 때는 배경이 단순한 사진을 사용하면 결과물이 더 선명하게 나옵니다.

▶ 앨범에 저장된 피규어 사진을 가족, 지인들에게 보내 자랑해 보세요.

왕초보 시니어도 쉽게 따라 하는
챗GPT 사용법
5장

"내 손으로 만든다!"
영상, 노래까지
가능해요!

5-1 손주 이름 넣은 동요 작곡하기(Suno로 음악 만들기)

" 손주 생일이나 첫돌 기념 영상을 만들 때 따뜻한 배경 음악이 필요할 때가 있습니다. '○○이의 세상', '우리 ○○ 잘 잤나요?'와 같은 손주 이름이 들어간 노래로 감동을 주고 싶을 때 정말 좋습니다. 또한 자녀가 멀리 살아 영상으로 손주 모습을 자주 보내올 때, 그 영상에 어울리는 나만의 동요를 만들어 선물하면 가족과 좋은 추억을 만들 수 있습니다. "

요즘은 스마트폰 하나로도 손주에게 세상 하나뿐인 노래를 선물할 수 있는 시대입니다. 예전엔 작곡이나 녹음이 어렵게 느껴졌지만, 이제는 AI가 대신 멜로디를 만들어 주고 가사까지 완성해 주는 시대가 되었습니다. 오늘은 Suno를 이용해 손주 이름이 들어간 감동적인 동요를 만드는 방법을 차근히 알려드리겠습니다.

AI로 동요 만들어 보기

1

먼저 **Suno** 앱을 휴대폰에 설치해 줍니다. 플레이스토어(갤럭시)나 앱 스토어(아이폰)에서 검색하고 앱을 다운로드합니다.

2

앱을 설치했다면 실행해 줍니다. **[무료 계정을 만드세요]**를 눌러 가입을 진행합니다. 구글 계정 등을 활용해 빠르게 가입을 완료합니다.

3

가입까지 끝내고 앱의 메인 화면으로 들어온 다음에는 화면 하단에 보이는 **가운데 버튼**을 터치합니다.

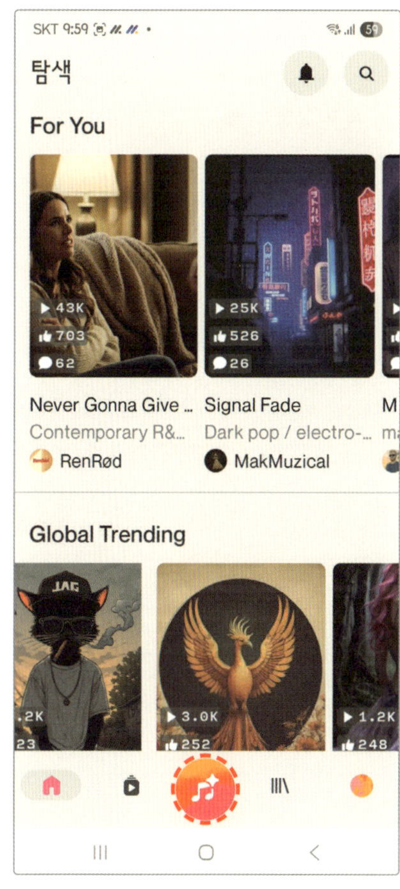

4

두 가지 방식으로 노래를 생성할 수 있습니다. 첫 번째 [단순한] 탭에서는 간단한 노래 설명만 가지고도 노래를 만들어 달라고 할 수 있습니다.

5

[커스텀] 탭에서는 가사까지 직접 입력할 수 있습니다. 조금 더 감동적인 음악을 생성하기 위해서 가사를 직접 써 보는 것도 좋은 방법입니다.

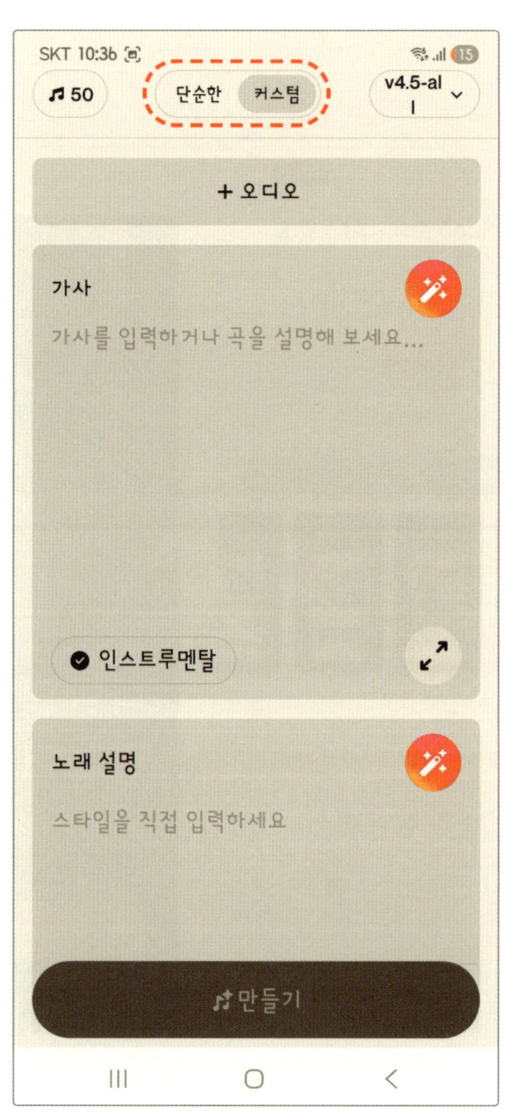

❻

물론 처음에는 **[단순한]** 기능을 통해서 간단한 내용만으로도 노래를 생성하는 연습을 해 볼 수 있습니다. 내용을 입력했다면 하단의 **[만들기]** 버튼을 누릅니다.

❼

잠시 뒤 Suno가 노래를 완성해 줍니다. 총 4곡을 확인할 수 있었는데 2곡은 무료, 나머지 2곡은 유료 구독 시 사용이 가능합니다.

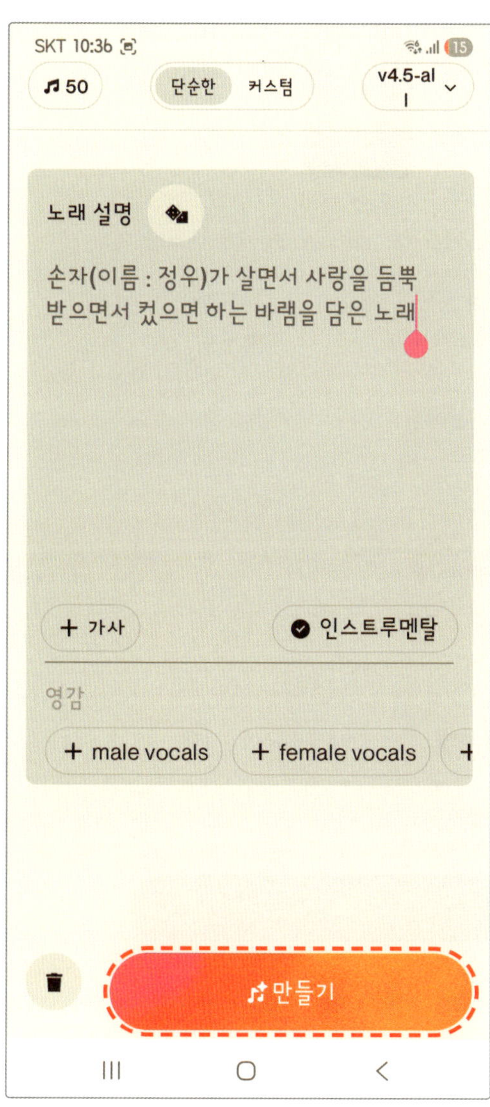

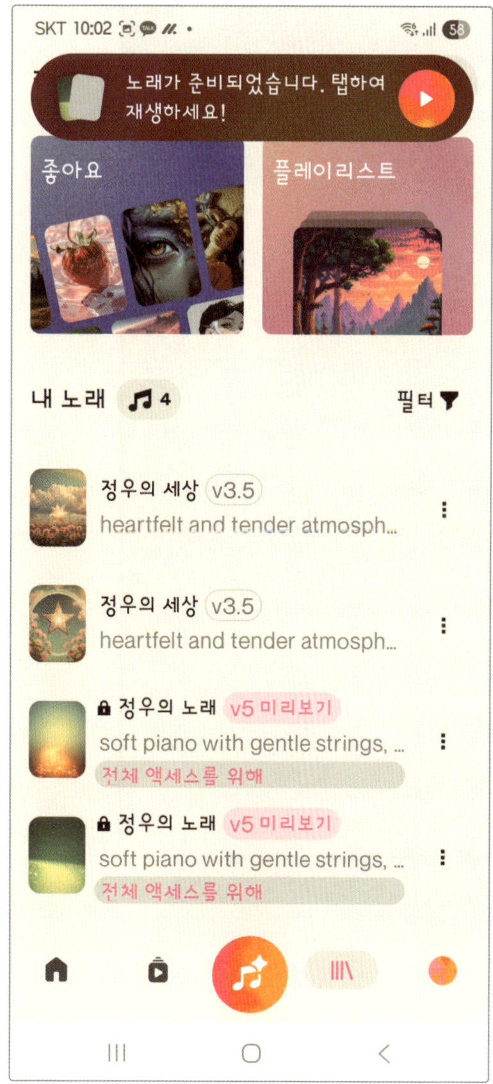

8

무료 곡을 선택하면 재생 및 가사 확인이 가능합니다.
파일을 다운로드하려면 **오른쪽** ··· **버튼**을 누릅니다.

9

목록에서 **[다운로드]**를 선택합니다.

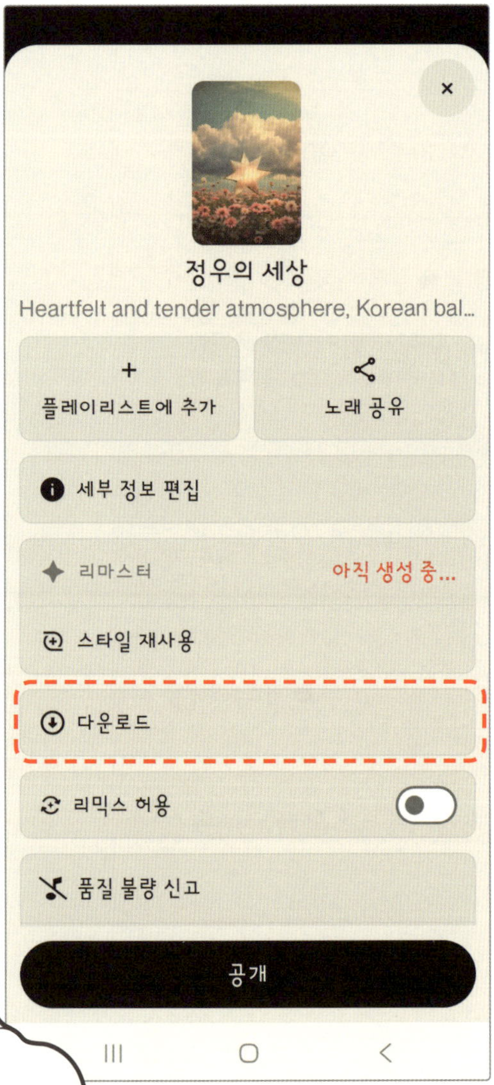

파일 이름을 입력한 후 **[저장]** 버튼을 눌러 생성한 음악을 휴대폰에 파일로 저장해 줍니다. 저장한 파일은 카카오톡으로 전송하거나 SNS에서 업로드할 때 이용할 수 있습니다.

AI 작곡 서비스인 **Suno**를 활용하면, 음악 지식이 전혀 없어도 손주 이름이 들어간 감동적인 동요를 만들 수 있습니다. 나만의 노래를 선물하는 기쁨은 세상의 어떤 선물보다 따뜻합니다. 직접 만든 노래로 손주에게 사랑을 표현해 보세요. 그 목소리와 멜로디가 손주의 추억 속에 오래 남을 것입니다.

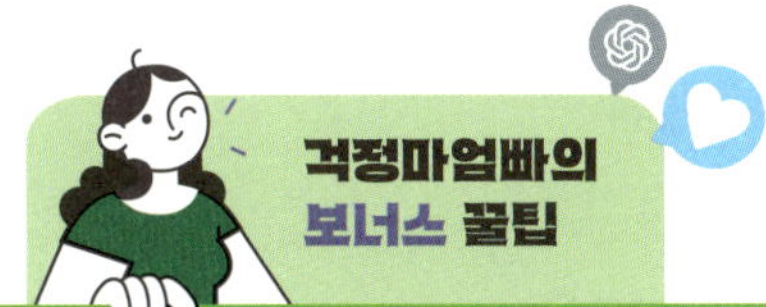

- 가사를 쓸 때는 손주의 이름을 반복해서 넣는 것이 좋습니다. 아이가 자신의 이름을 들으면 더 친근감을 느낍니다.

- 노래 길이는 1분~1분 30초 정도가 적당합니다. 아이가 집중해서 들을 수 있는 시간입니다.

- 배경 이미지를 함께 만들어 영상 편집 앱(CapCut, VN 등)으로 합치면 완성도가 높아집니다.

Suno로 만든 곡의 저작권은 Suno의 유료 플랜 구독 여부, 생성 방식(가사 직접 입력 등 인간의 기여도), 그리고 현행 저작권법에 따라 달라질 수 있으므로 반드시 이용 약관을 확인하고 활용해 주세요.

5-2 나만의 영화 감독 체험하기(VEO로 영상 만들기)

누구나 한 번쯤 '내가 감독이라면 이런 장면을 만들어 볼 텐데'라는 상상을 해 본 적이 있을 것입니다. 이제 그 상상을 현실로 바꿀 수 있는 시대가 되었습니다. 제미나이의 VEO 기능은 인공지능이 사용자의 요청을 이해하고, 그에 맞는 영상 장면을 자동으로 만들어 주는 놀라운 도구입니다. 복잡한 편집 지식이 없어도 스마트폰 하나로 영화 같은 장면을 연출할 수 있습니다.

AI 영상 내 손으로 만들기

1

먼저 휴대폰에서 제미나이 앱을 실행해 주도록 합니다.

2

제미나이 앱의 처음 화면에서 [동영상 만들기]를 선택해 줍니다.

3

VEO 기능이 활성화되고 입력 창에는 동영상을 설명하라는 문구가 표시됩니다. 이제 만들려는 영상을 AI에게 설명해 주도록 합니다.

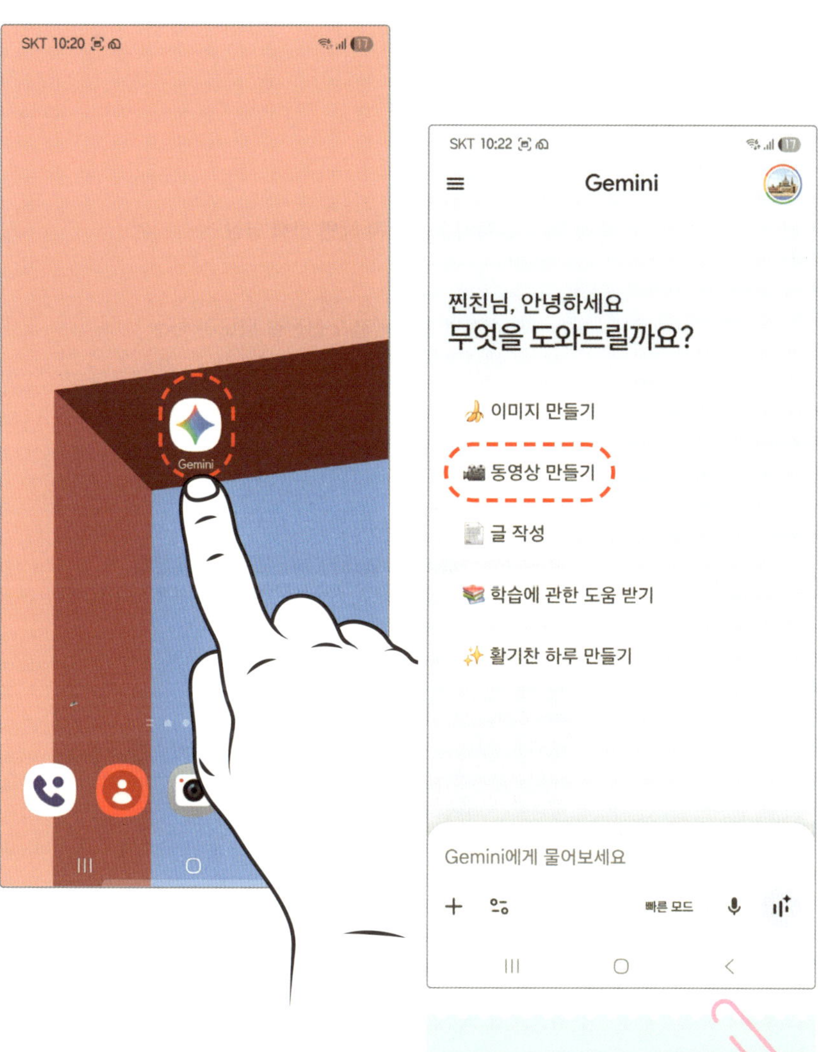

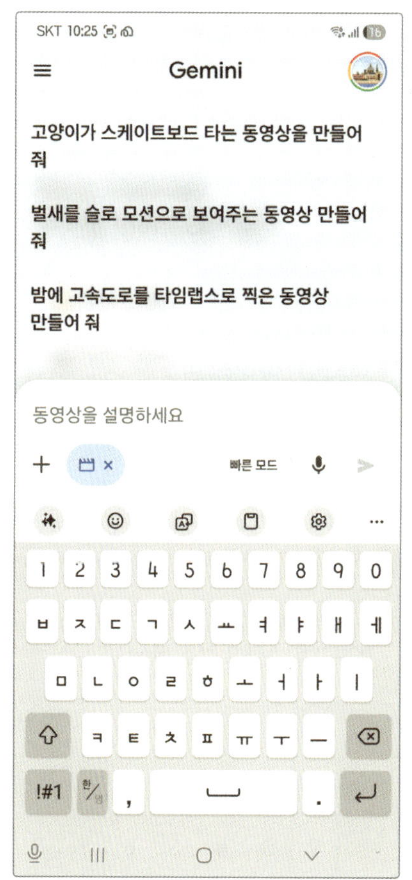

▶▶
고퀄리티 비디오를 생성하는 VEO 기능은 제미나이 유료 플랜인 AI Pro, AI Ultra 버전을 결제해야만 활성화 됩니다.

❹

VEO를 처음 사용할 때는 영상을 최대한 간단하게 설명하며 연습해 보는 것이 좋습니다. 설명을 입력한 후에는 ➤(전송) 버튼을 누릅니다.

❺

영상 생성에는 1~2분 정도가 소요됩니다. 기다리면 입력한 내용대로 영상이 생성됩니다. 화면을 터치해 영상을 재생할 수 있습니다.

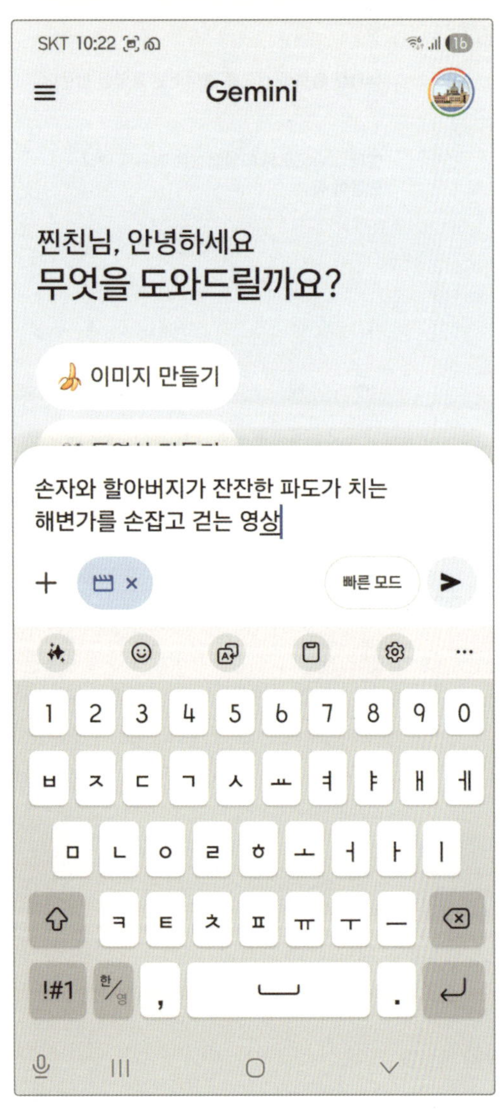

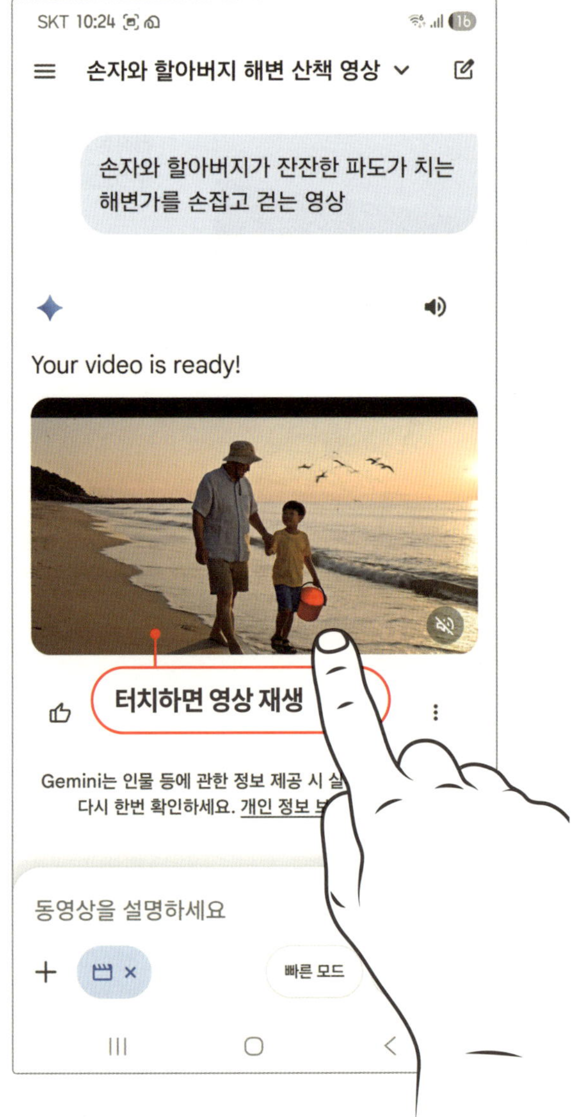

화면을 터치했을 때 오른쪽 위에 보이는 **다운로드(⬇) 버튼**을 눌러 휴대폰으로 동영상을 저장할 수 있습니다.

VEO는 단순한 영상 생성기를 넘어 누구나 감독이 될 수 있는 시대를 열었습니다. 별도의 촬영이나 배우 섭외 없이도 영상을 만들어 볼 수 있습니다. 또한 조작이 쉬워 시니어 세대도 편하게 사용할 수 있으며, 복잡한 편집 없이도 영상을 완성할 수 있습니다. 지금 바로 제미나이의 VEO를 이용해 세상에 단 하나뿐인 나만의 영화를 만들어 보시기 바랍니다.

걱정마엄빠의 **보너스 꿀팁**

- 만든 영상 여러 개를 하나의 영상으로 합쳐 연결된 긴 영상으로 만들면 나만의 영화를 만들 수 있습니다.
- 배경, 목소리, 인물 등에 대해 내용을 구체적으로 설명할수록 영상의 퀄리티가 높아집니다.
- 배경 음악도 함께 생성해 달라고 요청할 수 있습니다. 장르, 느낌 등을 같이 설명해 주어야 합니다.

내 인생 자서전 만들어 보기

이럴 때 편리해요

> 점점 나이가 들다 보니 지나온 날들이 기억에서 흐릿해지는 것을 느낍니다. 더 기억이 흐려지기 전에 그간 살아왔던 모든 날들을 기록으로 남기고 싶어졌습니다. 그런데 제가 글을 잘 못쓰기도 하고 어디서부터 시작을 해야 할지 모르겠습니다.

살다 보면 지나온 날들을 돌아보게 되는 순간이 있습니다. 젊은 시절의 열정, 가족과의 추억, 그리고 힘들었던 시간들까지. 그 모든 이야기는 결국 '나'라는 한 사람의 역사를 만듭니다. 요즘은 본인이 글을 잘 쓰지 못하더라도 ChatGPT를 이용해 누구나 손쉽게 자신의 자서전을 만들 수 있습니다. 이번에는 ChatGPT를 활용한 자서전 작성 방법을 단계별로 알려드리겠습니다.

ChatGPT로 자서전 집필해 보기

❶

먼저 휴대폰에서 ChatGPT 앱을 실행한 다음 AI에게 자서전 작성을 도와달라고 요청합니다.

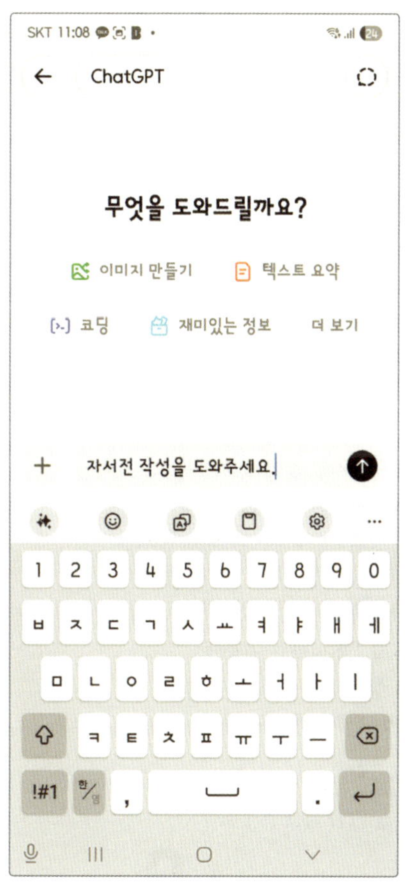

❷

ChatGPT가 자서전 초안을 작성하기 위해 몇 가지 주요 사항을 알려달라고 합니다. 자서전의 스타일, 분량, 작성 목적, 시작 시점 등을 요청에 따라 입력하고 전송해 줍니다.

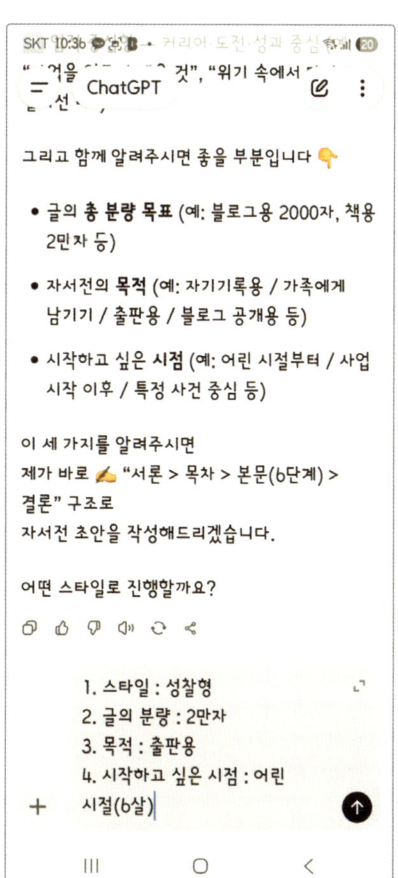

❸

ChatGPT가 입력한 정보에 따라서 자서전 기획안을 제시합니다. 서론 - 목차 - 본문 - 결론 구조로 틀이 구성됩니다. 이때 수정이 필요한 부분이 보인다면 AI에게 요청해 주면 됩니다.

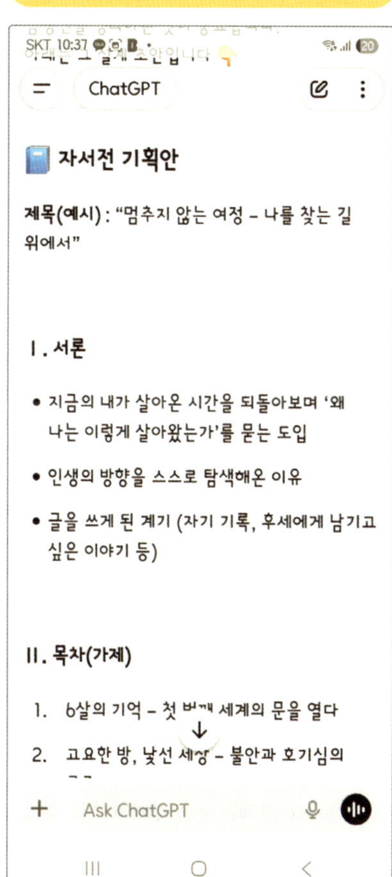

4

본격적으로 자서전을 작성하기 위해서 ChatGPT가 1장부터 작성에 필요한 내용을 요청합니다. 어린 시절 배경, 살던 곳의 분위기, 기억나는 장면 등을 입력해 줍니다.

5

ChatGPT가 내가 입력한 내용을 토대로 자서전 초안을 작성합니다. 마치 AI가 직접 그 시절에 있었던 것처럼 생생하게 글을 써 내려갑니다.

프롬프트

나는 6살에 산본에 살고 있었고 부모님과 4살 어린 동생과 함께 살았어.

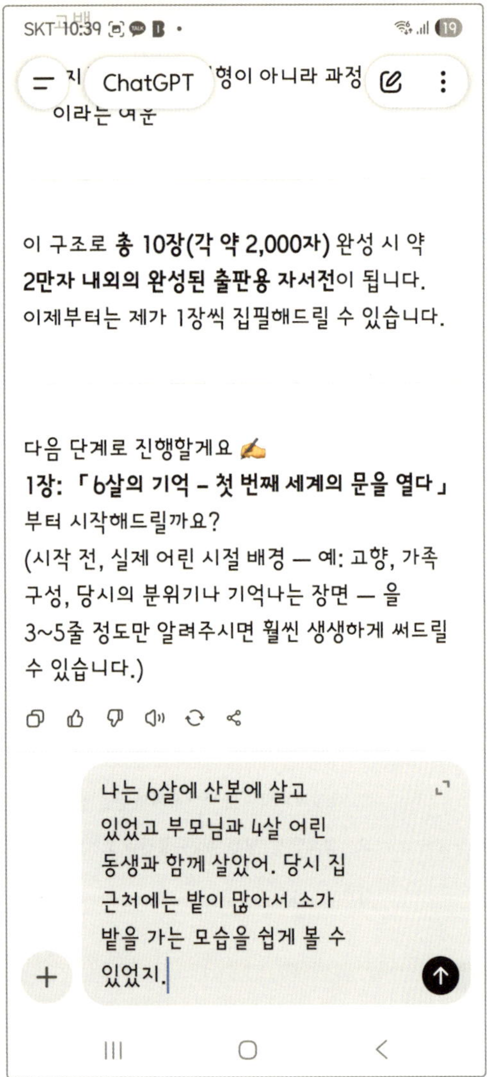

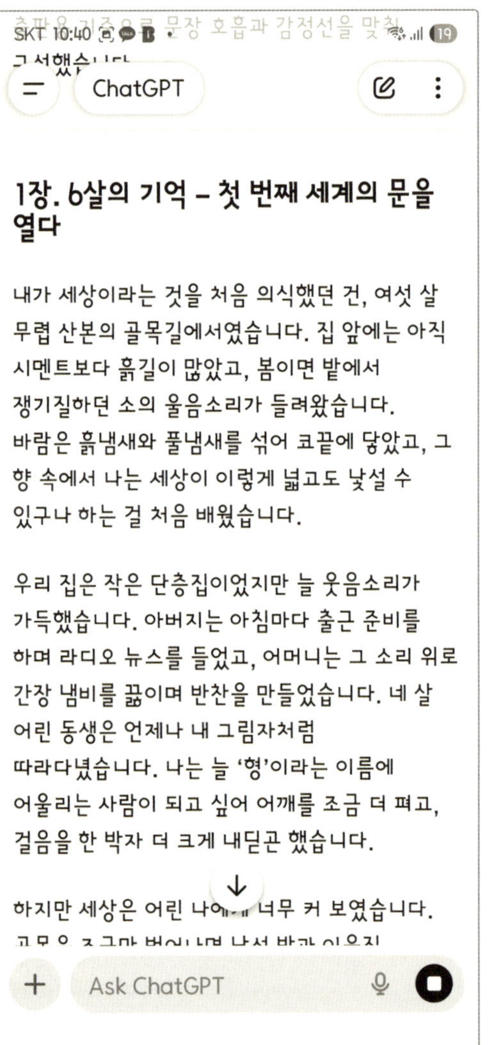

1장씩 작성이 끝나면 다음 장으로 넘어갈지, 아니면 작성한 장의 문체나 내용을 수정할지 선택할 수 있습니다. 이런 식으로 1장씩 완성하다 보면 내 자서전을 쉽게 만들어 볼 수 있습니다.

자서전은 거창한 글이 아닙니다. 한 사람의 발자취를 담은 따뜻한 기록일 뿐입니다. ChatGPT를 활용하면 글쓰기 경험이 없어도 AI와 기억을 더듬어가며 이야기하듯 써 내려갈 수 있습니다. 오늘부터 1장씩 써 내려가며 내 인생의 책을 만들어 보시길 바랍니다.

- ChatGPT 앱은 음성 입력도 지원하므로 글을 직접 타이핑하기 어려운 분들은 말로 입력하는 것도 좋습니다.

- 완성된 자서전은 PDF로 변환해 인쇄하거나 자녀에게 이메일로 보낼 수도 있습니다.

- 기억을 더듬어 구체적으로 내용을 전달할수록 자서전의 완성도가 높아집니다.

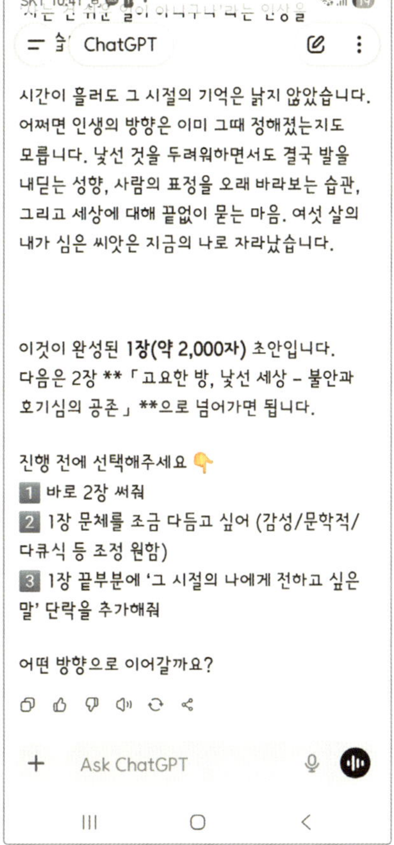

왕초보 시니어도 쉽게 따라 하는
챗GPT 사용법
6장

돈 아끼는 AI 활용법

6-1 마트, 온라인 쇼핑 최저가 찾기

요즘은 물가가 하루가 다르게 오르고 있습니다. 같은 제품이라도 온라인 쇼핑몰마다 가격이 달라서 어디서 사야 할지 고민되는 분들이 많습니다. 특히 시니어 세대에서는 이왕 사는 거 가장 싸게 사고 싶다는 마음이 크지만, 여러 사이트를 하나씩 비교하는 건 여간 번거로운 일이 아닙니다. 오늘은 ChatGPT를 활용해 모바일에서 최저가를 손쉽게 찾고 바로 구매까지 하는 방법을 알려드리겠습니다.

ChatGPT로 최저가 쇼핑하기

❶

먼저 휴대폰에서 ChatGPT 앱을 실행한 뒤 입력 창에 구매하고 싶은 제품명을 가지고 최저가 비교 요청을 전송합니다.

> 🧑 **프롬프트**
>
> 겨울에 입기 좋은 후리스를 추천해 주세요. 최저가 비교 부탁합니다.

❷

ChatGPT가 해당 제품에 대한 정보를 여러 쇼핑몰에서 검색하기 시작합니다. 이때 제품 선택 기준과 같은 도움이 되는 정보를 함께 보여 주기 때문에 구매에 큰 도움이 됩니다.

❸

ChatGPT가 검색을 통해 추천 제품을 보여 줍니다. 최저가 비교를 요청했기 때문에 온라인 쇼핑몰 기준 가격이 낮은 순서부터 보여 주고 있습니다.

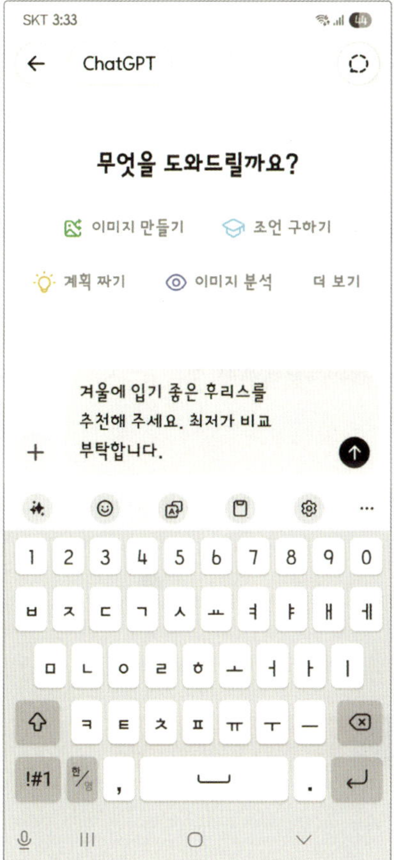

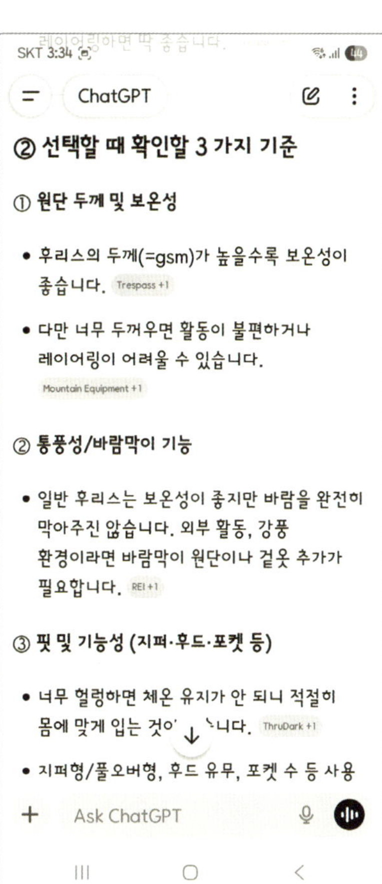

4

제품을 선택하면 해당 제품의 정보를 더 자세하게 확인할 수 있습니다. **[다음으로 이동]** 버튼을 누르면 실제 구매 사이트로 즉시 이동이 가능합니다.

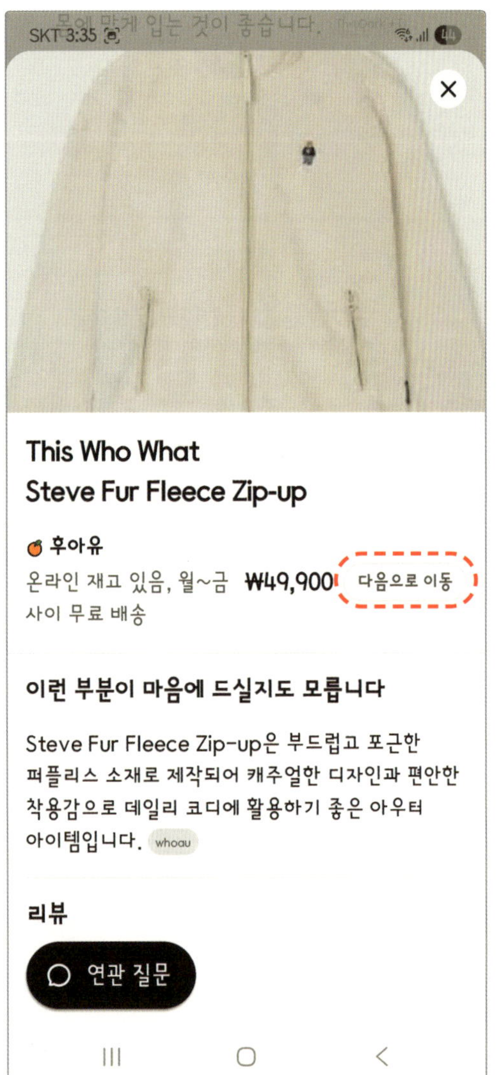

5

연결된 구매 사이트로 이동해 더 자세한 제품의 정보를 확인하고 마음에 든다면 구매를 진행해 주도록 합니다.

6

마트 상품의 가격도 ChatGPT에게 요청할 수 있습니다. AI가 대형 마트의 온라인몰 가격을 알려 주고 해당 링크로 바로 이동할 수 있기 때문에 편리한 상품 구매에 도움이 됩니다. 단, 표시된 가격은 매일 달라질 수 있어 확인이 필요합니다.

이제는 마트 앱이나 인터넷을 일일이 뒤질 필요가 없습니다. ChatGPT를 활용하면 단 몇 초 만에 최저가를 비교하고, 바로 구매까지 연결할 수 있습니다. 특히 키보드 사용이 불편하신 시니어 분들도 음성 입력만으로 쉽게 사용할 수 있어 편리합니다. 생활비 절약의 첫걸음, 지금 바로 ChatGPT로 시작해 보세요.

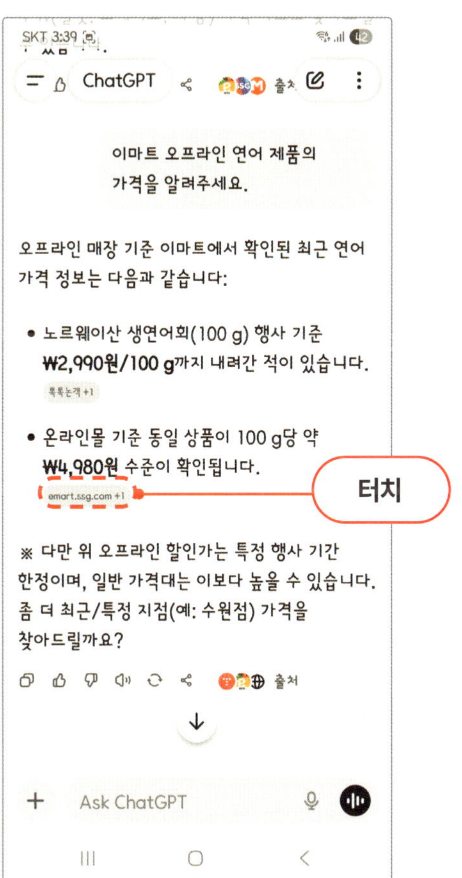

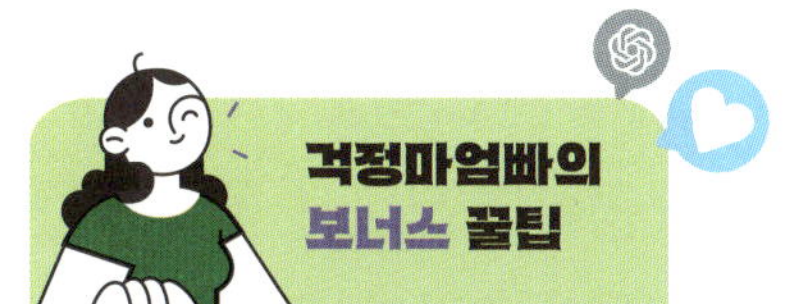

▶ 찾으려는 제품의 구체적인 정보, 정확한 제품명 등을 입력하면 검색 결과가 더 정확해 집니다.

▶ ChatGPT를 통한 최저가 검색은 실제 가격과 다를 수 있으니 참고용으로만 활용해 주세요.

항공권 남들보다 2배 싸게 사는 방법 알아보기

이럴 때 편리해요

> 이번에 친구들과 함께 일본 여행을 가려고 하는데 항공권 가격이 너무 비싸서 망설여 집니다. 검색을 해봐도 어디가 저렴한지 헷갈려서 준비 과정부터 스트레스를 받네요. 어떻게 해야 가장 저렴하게 항공권을 구입할 수 있을까요?

여행을 준비할 때 가장 고민되는 게 바로 항공권 가격입니다. 같은 자리인데도 누군가는 반값에 사고, 누군가는 두 배나 비싸게 사는 경우가 종종 있습니다. 하지만 이제 걱정하지 않으셔도 됩니다. 휴대폰과 ChatGPT 앱만 제대로 활용하면 누구보다 싸고 똑똑하게 항공권을 살 수 있습니다.

항공권 저렴하게 구입하기

❶

먼저 휴대폰에서 ChatGPT 앱을 실행해 주세요.

❷

입력 창에 다음과 같은 **프롬프트**를 입력해 줍니다. 정해진 일정이 있다면 해당 일정을 함께 입력해 주면 됩니다. 예산에 맞춰 원하는 가격대도 입력해 주면 좋습니다.

❸

ChatGPT가 검색을 통해 요청한 항공권 정보를 찾아줍니다. 또한 프롬프트에 작성한 기준에 따른 항공권 정보를 상세하게 설명합니다.

프롬프트

향후 30일 안에 [A]에서 [B]로 가는 제일 싼 비행기를 찾아 주세요. 30만 원 미만의 직항 항공권을 먼저 보여 주고 시간대는 가급적 낮 시간 출발로 추천해 주세요.

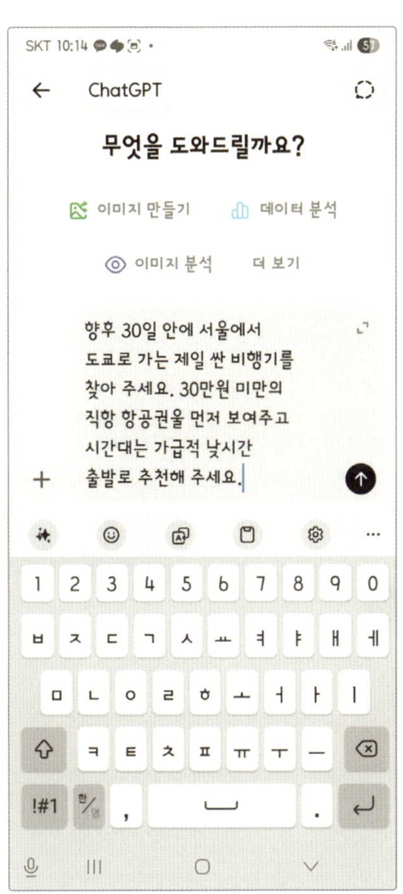

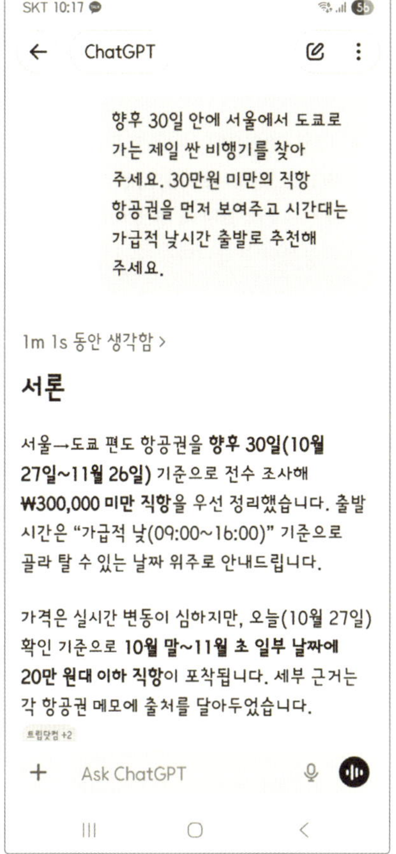

④

검색해 준 항공권 정보는 링크가 함께 제공됩니다. **설명 마지막 링크 버튼**을 클릭하면 발권 페이지로 즉시 이동할 수 있습니다.

⑤

연결된 예약 사이트에는 ChatGPT가 제시한 정보가 그대로 연동되기 때문에 [검색] 버튼만 누르면 됩니다. 물론, 예약 세부 내용을 수정할 수 있습니다.

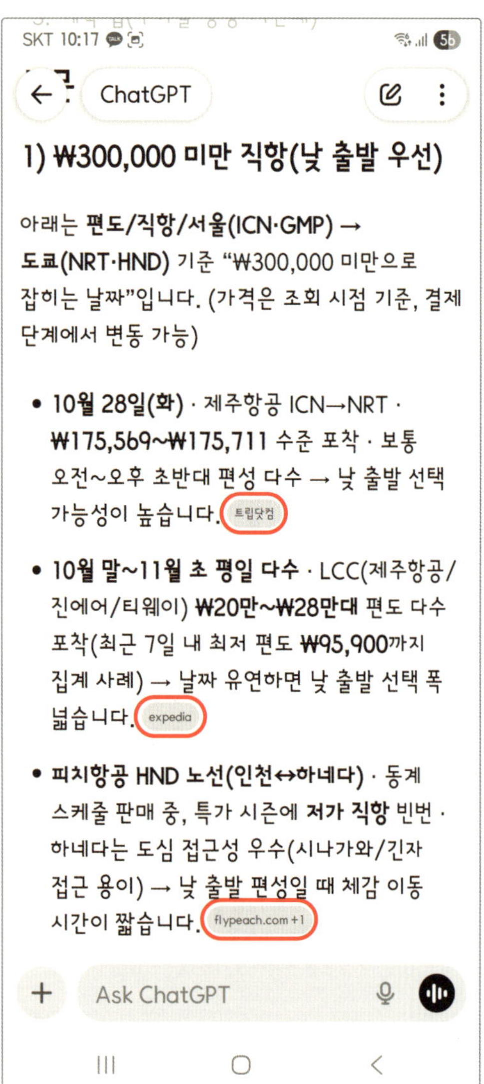

그대로 혹은 일부 조건을 수정한 뒤 검색을 하면 추천 항공권이 검색됩니다. 이중 원하는 일정과 가격으로 항공권 선택 후 발권 절차를 진행하시면 됩니다.

항공권 최저가는 보통 여러 사이트를 비교하고 직접 검색해보아야 찾을 수 있습니다. ChatGPT를 이용한 최저가 검색이 항상 정확한 정답은 아니지만, 가격을 판단하는 기준점으로 삼기에는 충분히 유용합니다. 또한 여러 사이트를 일일이 둘러봐야 하는 번거로움을 줄여주는 장점도 있습니다. 항공권뿐만 아니라 렌터카, 숙소 비용 등 여행 전반의 비용 조사에도 ChatGPT를 함께 활용해 보시길 권해드립니다.

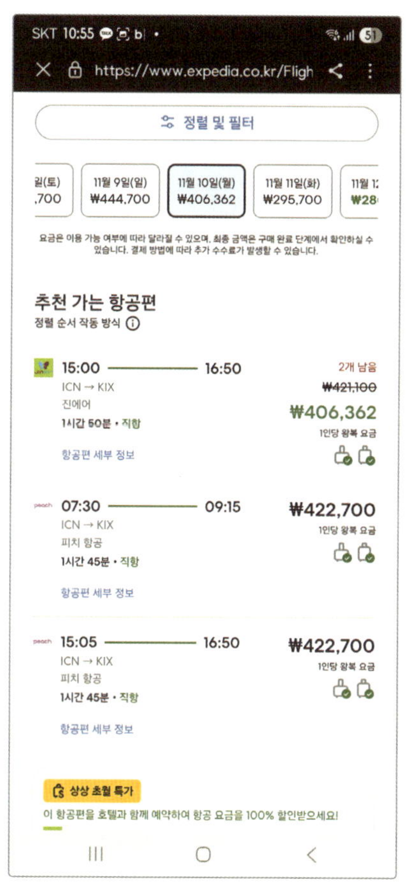

> 항공권 가격에 포함된 옵션을 꼼꼼히 살펴보세요. 수하물 포함 여부 등을 반드시 확인해 정확한 최종 가격을 산출하셔야 합니다.

> 통상적으로 화요일, 수요일 출발 항공권 가격이 상대적으로 저렴한 편입니다.

6-3 자동으로 가계부 정리하기

> 앗! 카드를 사용하려고 보니 한도초과가 떴습니다.
> 계좌 잔고가 남아 있는 줄 알았는데 다 써 버리고 없더라고요.
> 이제라도 가계부를 써서 지출을 관리하고 싶은데 하나하나
> 쓰려고 하니 귀찮습니다. 나이가 드니 계산하기도 머리가
> 아픈데 어떡하죠?

나이가 들수록 지출이 어디에서 나갔는지 기억하기가 쉽지 않습니다. 카드값은 계속 빠져나가는데 어디서 얼마나 썼는지 알기가 어려워 걱정이 많아지기도 합니다. 이제는 스마트폰만 있으면 손쉽게 지출 내역을 정리하고 확인할 수 있습니다. 특히 ChatGPT를 활용하면 엑셀 등 복잡한 프로그램을 조작하지 않고도, 가계부를 한눈에 보기 쉽게 정리할 수 있습니다.

ChatGPT로 가계부 정리해 보기

1

먼저 본인이 사용하는 카드사 앱을 이용해서 이용 내역을 복사해 줍니다. 글자를 길게 터치하고 **'모두 선택'** > **'복사'**를 누르면 편합니다. 엑셀 파일로 다운로드 받을 수 있는 경우에는 그렇게 해도 좋습니다.

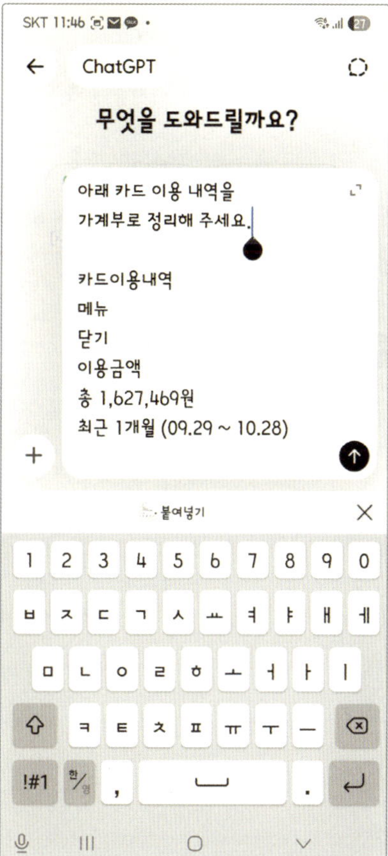

▶▶ 가계부 정리를 위해 AI를 사용할 때는 카드번호, 계좌번호 등 민감한 개인정보는 입력하지 않는 것이 안전합니다. 필요한 경우에도 금액과 사용처 등 최소한의 정보만 활용하시길 권장드립니다.

2

이제 ChatGPT 앱을 실행하고 입력 창에 조금 전 복사한 카드 이용 내역을 붙여 넣어 줍니다. 그리고 처음 또는 마지막 부분에는 다음과 같이 요청합니다.

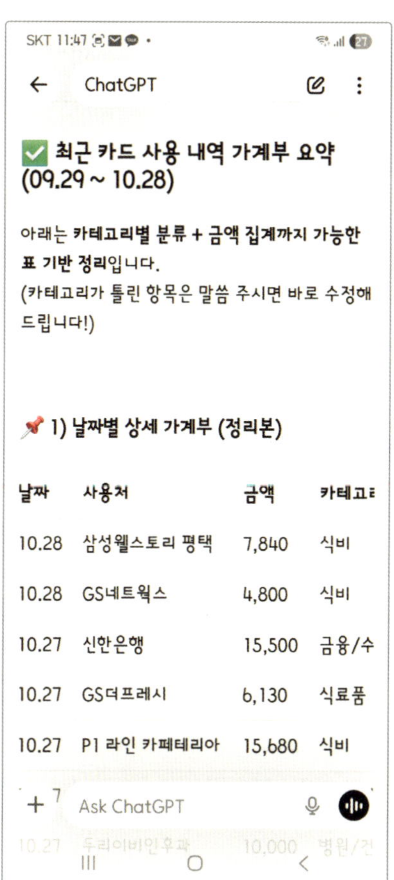

3

입력한 카드 사용 내역을 토대로 ChatGPT가 날짜, 사용처, 금액, 카테고리별로 모두 정리해 줍니다. 카테고리까지 알아서 구분해 주기 때문에 한눈에 확인하기 편합니다.

4

일주일 단위로 얼마를 어디에 지출했는지 요청하는 것도 가능합니다.

5

한 주마다 얼마를 지출했고 어떤 카테고리에 돈을 가장 많이 썼는지 정리해서 보여 줍니다. 또 어떤 비용이 증가했고 줄어들었는지도 알려 줍니다.

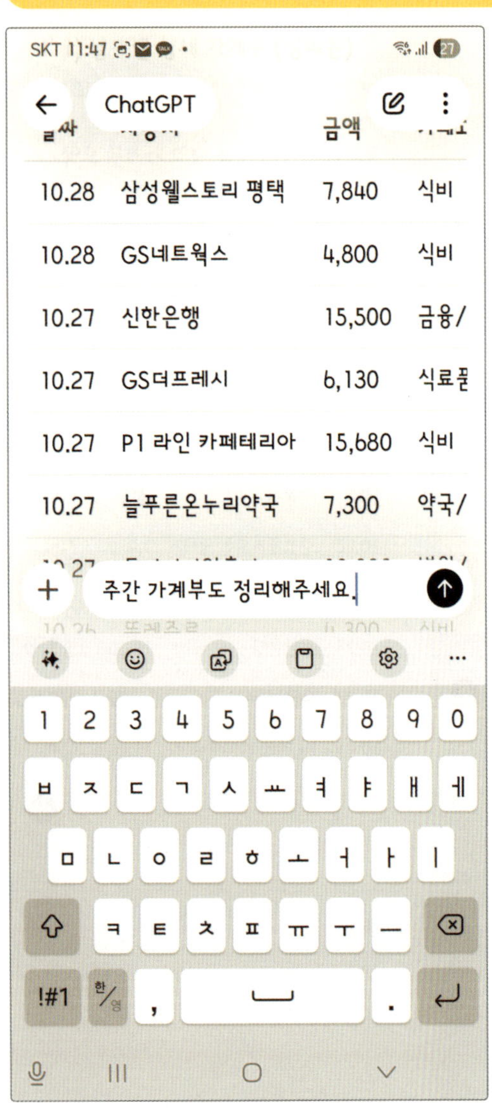

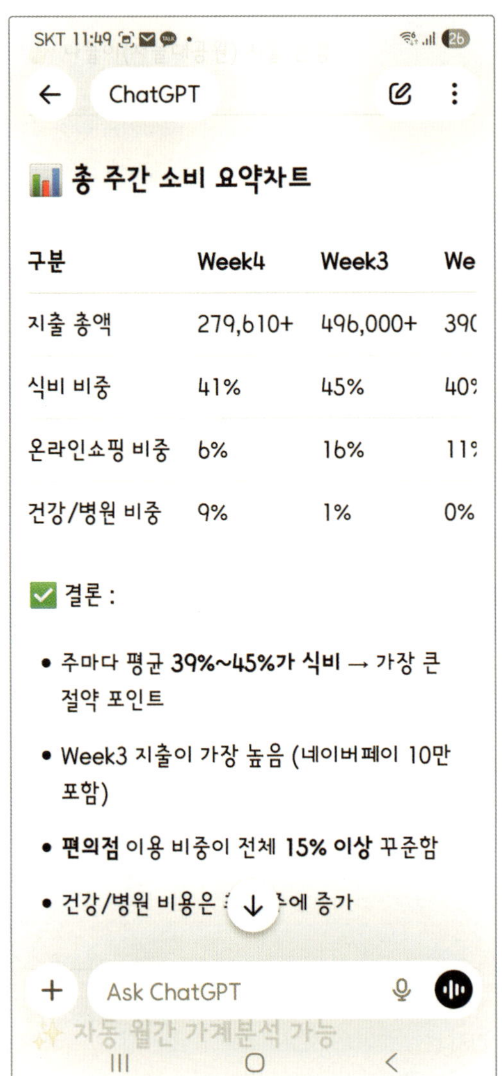

구분	Week4	Week3	We
지출 총액	279,610+	496,000+	39(
식비 비중	41%	45%	40%
온라인쇼핑 비중	6%	16%	11%
건강/병원 비중	9%	1%	0%

ChatGPT에게 현재까지 정리한 가계부를 토대로 어느 부분에서 지출을 절약할 수 있는지 요청해 보세요. 어떤 소비를 줄여야 하는지와 실천에 도움이 되는 팁도 함께 정리해 줍니다.

복잡한 가계부 작성은 ChatGPT에게 맡기면 됩니다. 카드 내역을 붙여 넣기만 하면 자동으로 정리되니까 직접 계산할 때보다 실수나 누락 걱정이 사라져 편리합니다. ChatGPT와 함께 매달 새어나가는 지출을 꼼꼼하게 관리해 보세요.

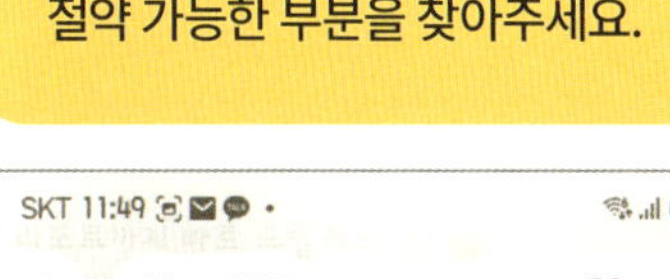

- ▶ 카드 뿐만 아니라 현금 사용분도 직접 입력해 두면 전반적인 생활비 관리가 가능해집니다.
- ▶ 병원비는 보험금 환급을 위해 따로 정리해 두면 좋습니다.
- ▶ 현재 수입과 지출 내역을 토대로 저축 및 투자 플랜을 요청해 보는 것도 좋습니다.

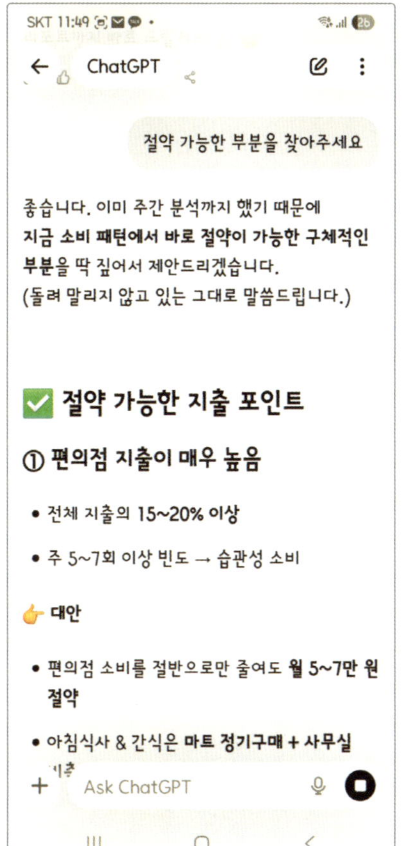

왕초보 시니어도 쉽게 따라 하는
챗GPT 사용법

7장

행정 업무
혼자서도 척척

> 이번에 집 인테리어를 새로 하기로 했어요. 인테리어 공사 업체가 보내준 계약서를 보는데 무슨 말인지 이해가 안되더라고요. 어려운 말이 많고 글자도 작아서 읽기도 쉽지 않아요. 혹시나 문제가 생기면 안되니까 계약서를 좀 더 쉽게 이해할 수 있는 방법이 있을까요?

살다 보면 크고 작은 계약서를 한 번쯤은 마주하게 됩니다. 휴대폰 약정서부터 임대차 계약서, 보험 약관까지 글자도 작고 어려운 용어가 가득해 읽기만 해도 머리가 지끈거릴 때가 많습니다. 특히 시니어 세대는 예전보다 더 많은 서류를 직접 확인해야 하는 경우가 늘어나고 있습니다. 금융 상품, 의료 서비스, 부동산 거래 등 종류도 다양하고, 글자 크기는 작으며 내용도 복잡해 '어디에 도장을 찍어야 하는지'조차 헷갈릴 때가 있습니다. 그래서 오늘은 ChatGPT를 활용해 어려운 계약서를 쉽게 이해하는 방법을 알려드리도록 하겠습니다.

ChatGPT로 법률 검토 받기

1

우선 ChatGPT 앱을 실행한 다음 입력 창 **왼쪽(+) 버튼**을 누릅니다.

2

그림과 같은 창이 나타나면 **[파일]**을 선택해 줍니다. 이때 계약서 파일이 휴대폰에 저장되어 있어야 합니다.

3

휴대폰에 저장되어 있던 계약서 파일을 찾아 선택한 후에 업로드합니다. 그리고 입력 창에는 계약서 내용을 쉽게 풀어서 설명해 달라고 입력한 뒤 전송합니다.

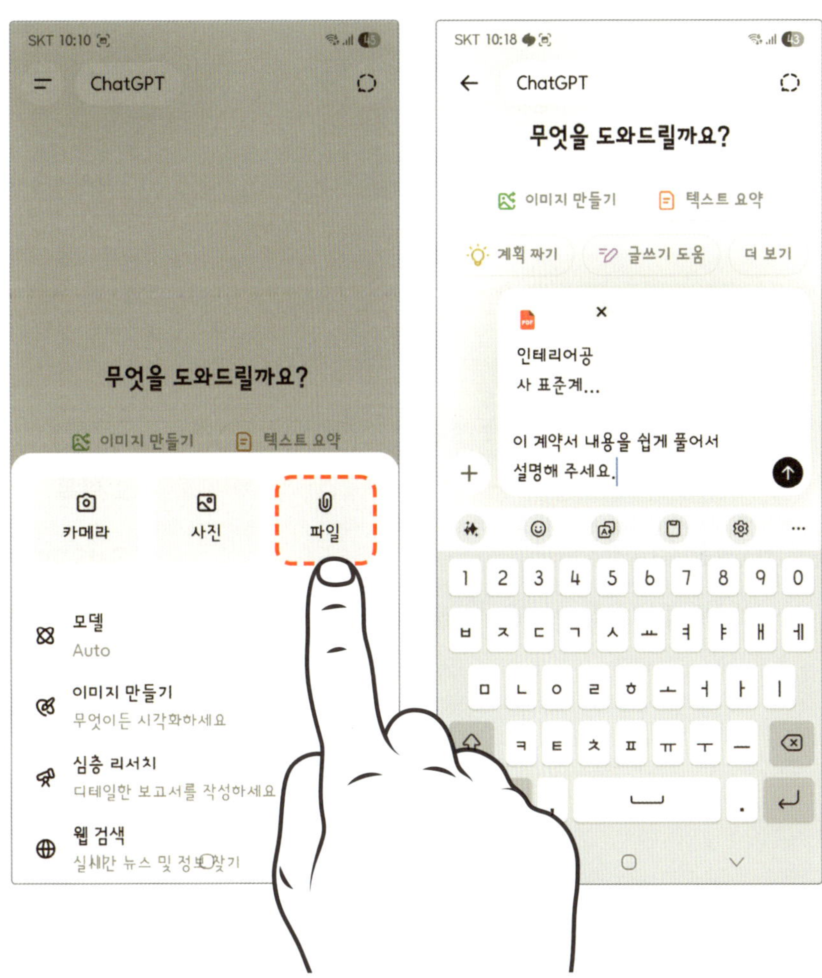

4

ChatGPT는 해당 계약서를 검토한 뒤, 주요 내용을 한눈에 보기 쉽게 정리해 줍니다. 기본 정보부터 기타 조항까지, 놓치기 쉬운 부분들까지 빠짐없이 설명해 줍니다.

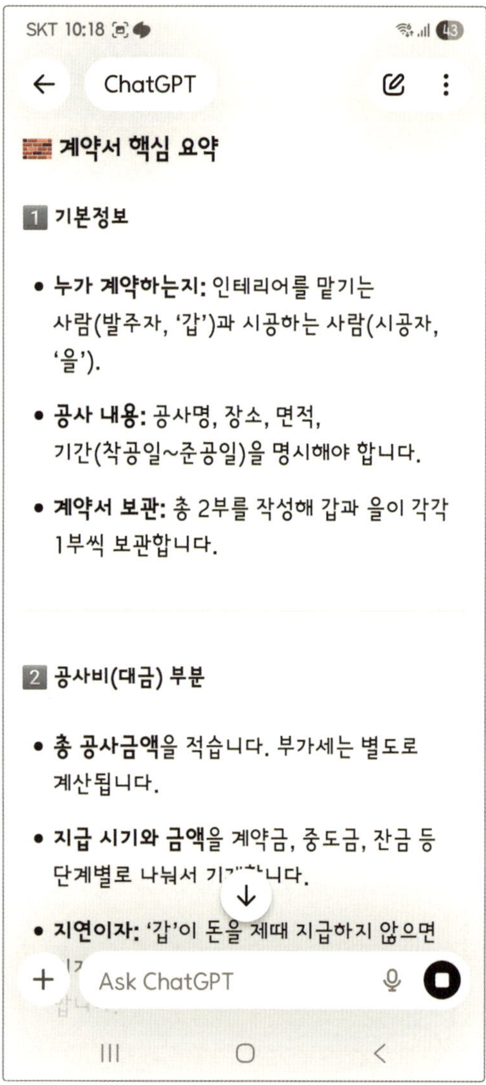

5

만약 중요한 계약서라면 이 계약서 상에서 주의해야 할 점이 있는지, 혹시 추가해야 하는 부분은 없는지도 요청하여 이중으로 확인하는 것이 필요합니다.

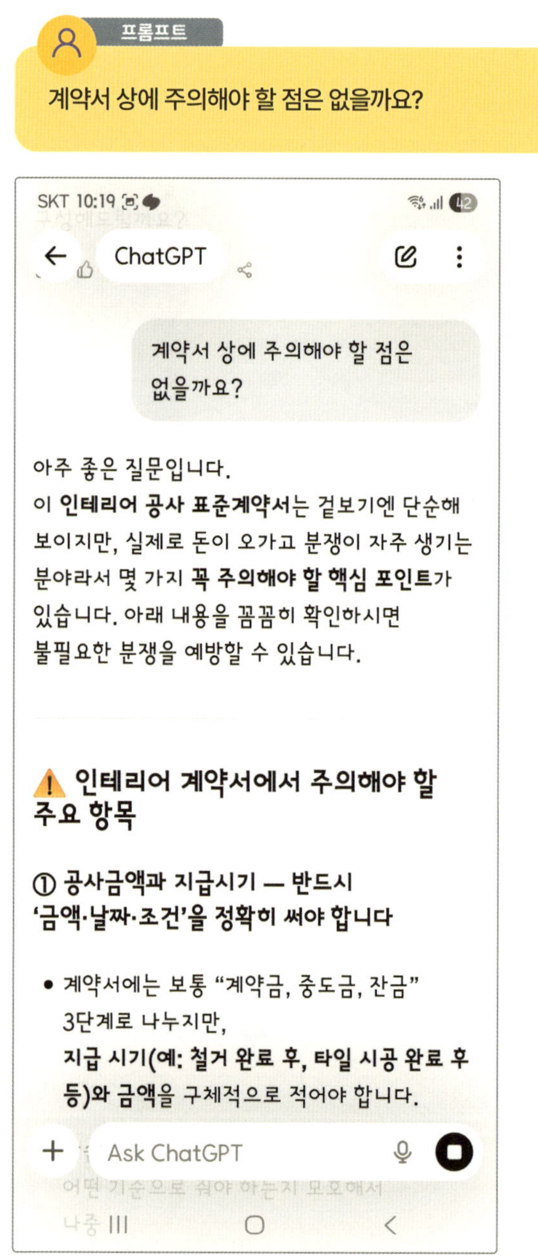

❻

해당 내용은 음성으로 듣기도 가능합니다. ChatGPT가 답변한 내용의 가장 마지막 부분으로 이동해 **스피커(◁》) 아이콘**을 누르면 텍스트를 음성으로 설명해 줍니다.

계약서는 어렵게 느껴질 수 있지만, ChatGPT를 활용하면 누구나 쉽게 이해할 수 있습니다. 많은 내용을 이해하기 편하게 요약하여 풀어 주고, 낯선 용어도 알기 쉬운 말로 바꿔 주기 때문에 내용을 훨씬 수월하게 파악할 수 있습니다. 시니어 세대분들도 이 방법만 익혀두면, 계약서의 내용을 쉽게 이해하고 원활하게 계약을 진행할 수 있습니다.

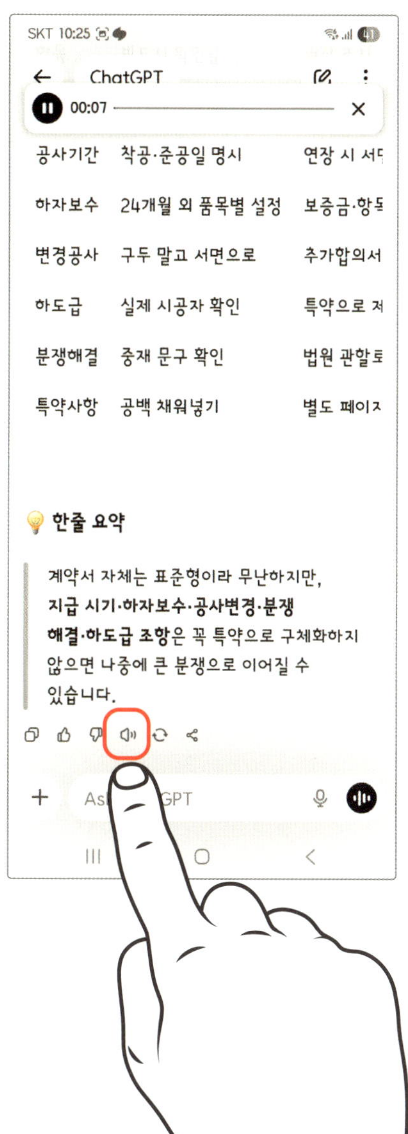

▶ 계약서 파일을 업로드할 때는 PDF 형식이 가장 좋습니다. 다만, 사진으로 촬영해 업로드할 수도 있으나, 이 경우 일부 내용이 정확하게 인식되지 않을 수 있습니다.

▶ 법적 용어 등 어려운 단어가 나오면 넘기지 말고 ChatGPT에 물어보세요.

▶ 보완이 필요한 부분을 요청하여 수정된 계약서를 작성해 보세요.

▶ 큰 돈이 오가는 등 정말 중요한 계약서라면 전문가의 검토가 반드시 필요합니다.

7-2 민원서류 작성 도움 받기

> 생계가 어려운 상황에서 건강이 안 좋아지는 바람에 어쩔 수 없이 입원을 하게 됐습니다. 생활비, 입원비를 어떻게 해야 하나 걱정했지만 다행히도 시에서 지원하는 복지 제도가 있어 신청하려고 합니다. 그런데 신청 서류를 보니 도대체 어디에 뭘 써야 할지 감이 오지 않습니다. 어떻게 해야 할까요?

나이가 들수록 은행이나 관공서에서 작성해야 하는 서류가 점점 복잡하게 느껴집니다. 글씨도 작고 용어도 어려워 어디에 어떤 내용을 써야 할지 막막한 순간이 많습니다. 하지만 이제는 혼자서 애쓰지 않아도 됩니다. ChatGPT를 활용하면 헷갈리는 민원서류나 계약서도 손쉽게 이해하고 작성할 수 있습니다.

ChatGPT로 각종 서류 작성 도움 받기

①

신청서 파일을 업로드하기 위해서 ChatGPT 앱을 실행하고 입력 창 **왼쪽(+) 버튼**을 눌러 줍니다.

②

그림과 같은 창이 나타나면 **[파일]**을 누릅니다. 그리고 휴대폰에 저장해 둔 신청서 PDF 파일을 업로드합니다.

③

PDF 파일을 업로드했다면 ChatGPT에게 해당 신청서를 어떻게 작성해야 하는지 알려달라고 요청합니다.

프롬프트

이 신청서를 어떻게 작성해야 하는지 알려 주세요.

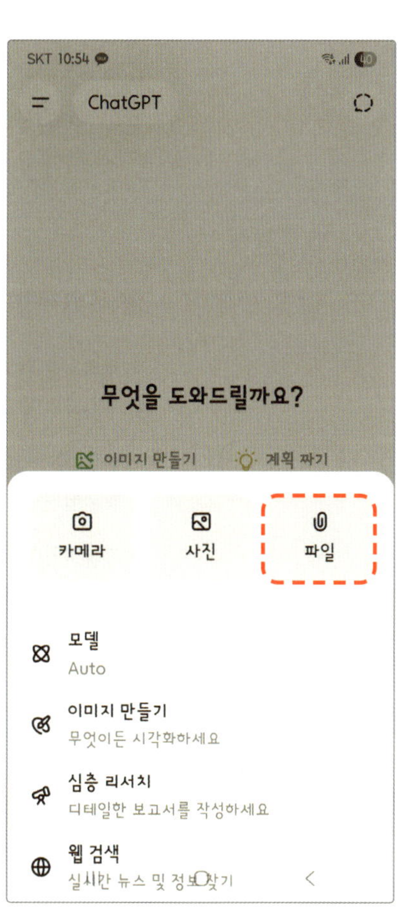

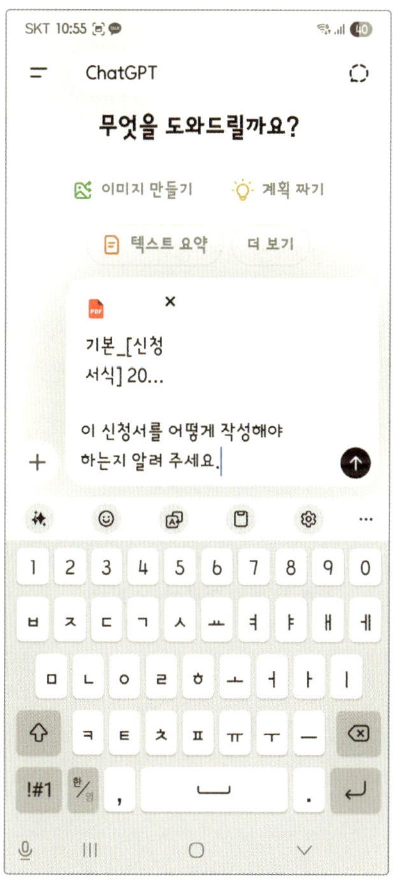

4

ChatGPT가 해당 민원서류의 작성 순서, 작성 요령 등을 상세하게 알려 줍니다.

5

민원서류에 안내되는 추가 제출 서류나 신청 유의사항 등도 함께 알려 주기 때문에 큰 도움이 됩니다. 어려운 민원서류도 어려움 없이 작성할 수 있습니다.

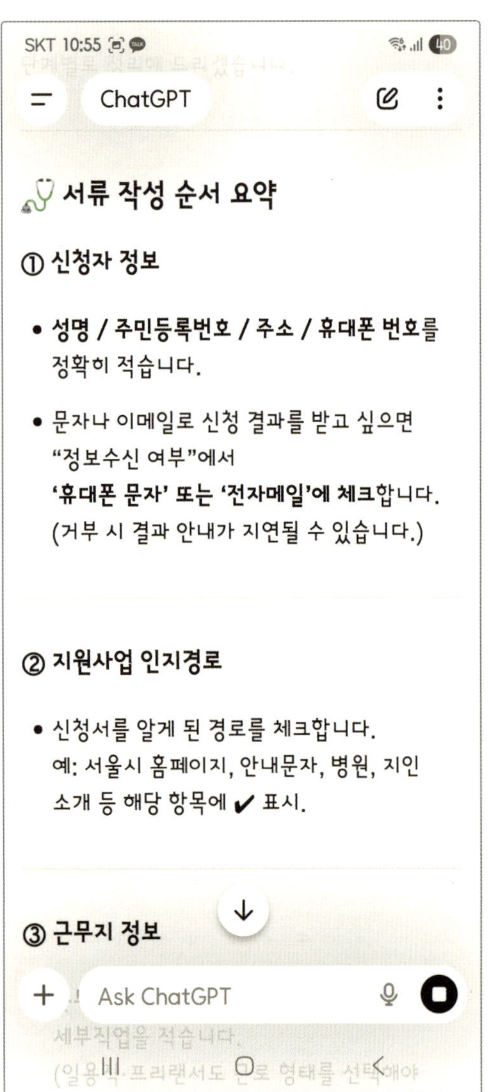

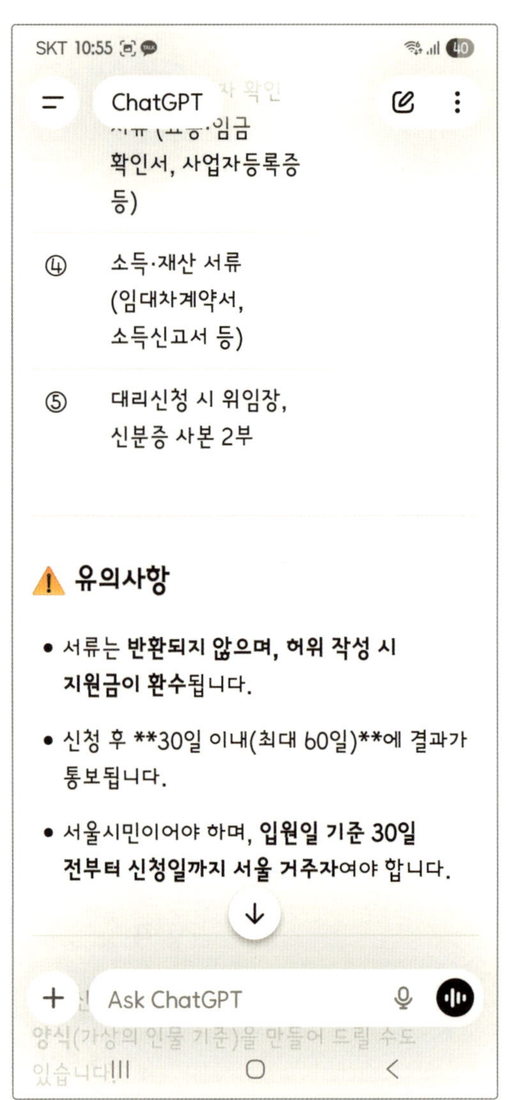

6

그래도 헷갈리는 부분이 있다면 샘플을 작성해 달라고 요청해 볼 수 있습니다. 실제로 누군가 직접 작성한 것처럼 예시를 확인할 수 있습니다.

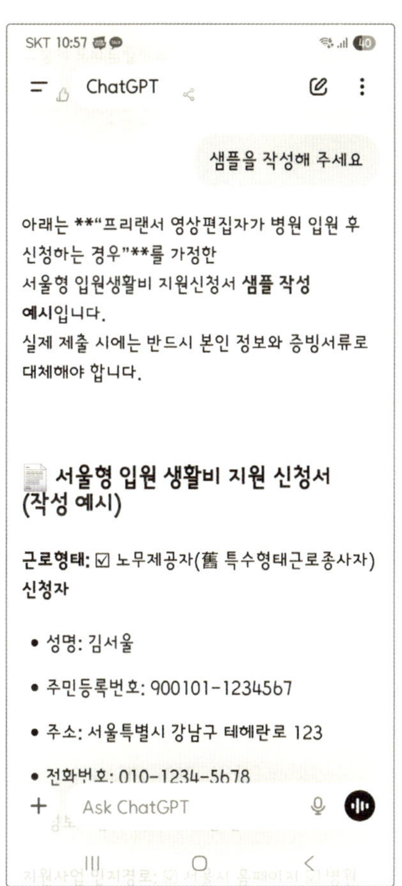

복잡한 서류도 방법만 알면 쉽게 해결할 수 있습니다. ChatGPT는 민원서류에 담긴 어려운 전문 용어를 쉽게 풀어주고, 작성 순서까지 차근차근 안내해 주기 때문에 무척 든든합니다. 이제는 자녀나 직원에게 부탁하지 않아도 스스로 민원서류를 완성할 수 있습니다. 한 번 방법을 익혀두면 은행, 병원, 부동산 등 어디서든 유용하게 활용할 수 있으니 꼭 사용해 보세요.

▶ 신청서는 PDF 파일로 업로드하는 것이 가장 정확합니다. 다만, 급한 경우에는 모든 글씨가 선명하게 보이도록 사진으로 촬영해 업로드하셔도 됩니다. 단, 사진 파일의 경우 ChatGPT가 일부 내용을 정확하게 인식하지 못할 수 있습니다.

▶ 모르는 칸은 빈칸으로 두지 말고 꼭 ChatGPT에 물어보세요. 잘못 기입하면 신청이 반려될 수 있습니다.

103

7-3 연금이나 세금 궁금증도 바로 해결하기

이제 곧 국민연금을 수령할 나이가 돼서 어떻게 연금을 수령할 수 있는지, 예상 금액은 얼마나 되는지 확인해 보고 싶어요. 그런데 어디서 신청이나 확인이 가능한지 잘 모르겠더라고요. 또 자식에게 집을 물려주려고 하는데 증여세는 얼마나 내야 하는 건지도 궁금하네요. 연금이나 세금 문제는 매번 어려운데 어떻게 쉽게 알아볼 수 있을까요?

연금 수령 방법, 국민연금 예상 금액, 증여세 계산처럼 연금이나 세금 문제는 복잡하고 어려워 쉽게 손대기 어렵습니다. 하지만 ChatGPT를 활용하면 세무서나 연금공단 지사를 직접 방문하지 않아도, 간단한 질문은 바로 해답을 얻을 수 있어 편리합니다.

오늘은 ChatGPT를 이용해 연금과 세금 관련 궁금증을 해결하는 방법을 단계별로 알려드리겠습니다.

ChatGPT로 노후 자산 상담 받기

연금 관련 정보를 알고 싶다면 "내가 지금 몇 살인데 국민연금을 언제 받을 수 있나요?"처럼 구체적으로 질문해야 합니다. 만 나이를 꼭 함께 적어야 정확한 답변을 받을 수 있습니다.

국민연금 수령 시작 나이를 출생연도에 따라 정리해 주어 한눈에 확인할 수 있습니다.

또 조기 수령이 가능한 조건과 그에 따른 감액률 등, 알아두면 도움이 되는 정보도 함께 알려 줍니다. 이렇게 필요한 내용을 골라서 정리해 주는 점이 ChatGPT의 큰 장점입니다.

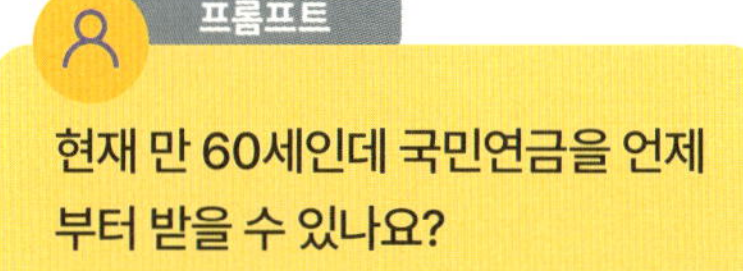

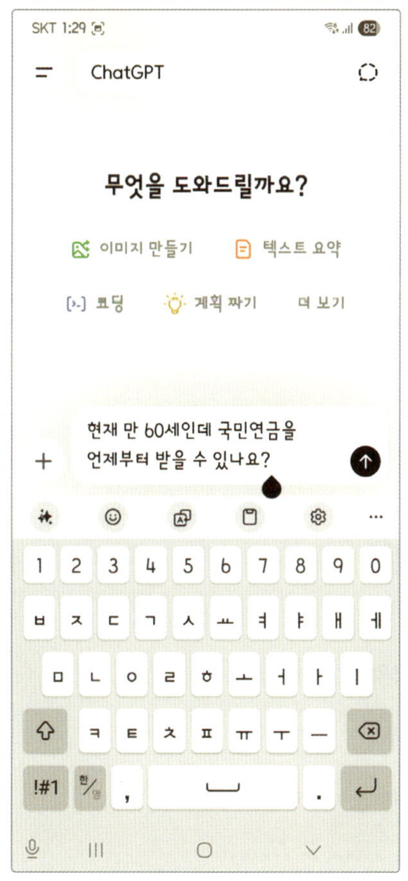

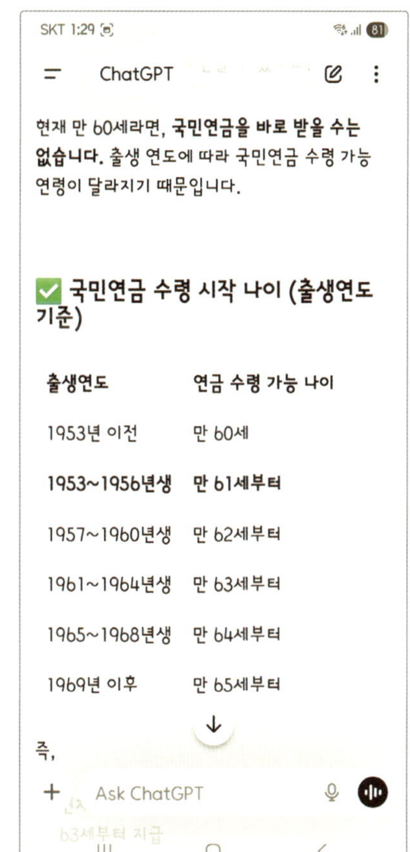

출생연도	연금 수령 가능 나이
1953년 이전	만 60세
1953~1956년생	만 61세부터
1957~1960년생	만 62세부터
1961~1964년생	만 63세부터
1965~1968년생	만 64세부터
1969년 이후	만 65세부터

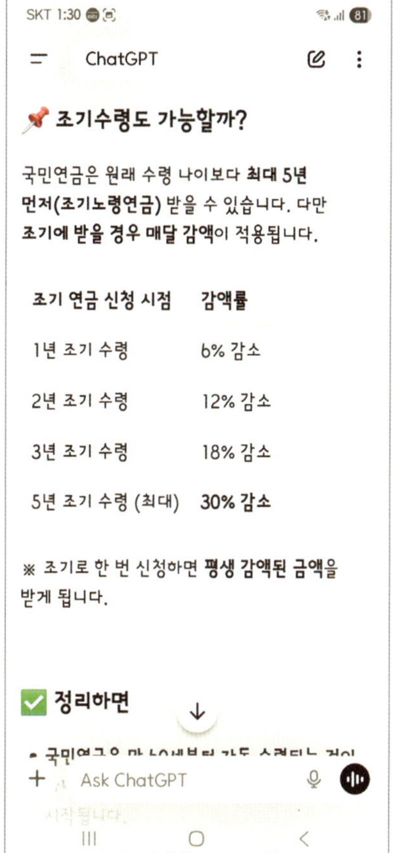

조기 연금 신청 시점	감액률
1년 조기 수령	6% 감소
2년 조기 수령	12% 감소
3년 조기 수령	18% 감소
5년 조기 수령 (최대)	30% 감소

4

예상 수령액도 확인할 수 있습니다. 나의 국민연금 예상 수령액이 얼마인지 나이, 납입 금액, 납입 기간 등을 함께 입력하면 그에 따른 계산 결과를 알려 줍니다.

> 프롬프트
>
> 1959년생이고 매월 30만 원씩 25년을 납부했습니다. 국민연금 예상 수령액을 알려 주세요.

5

증여세와 같은 세금 관련 궁금증도 단번에 해결할 수 있습니다. 예를 들어, 자식에게 집을 증여하려고 할 때 세금은 얼마를 내야 하는지 물어 볼 수 있습니다.

> 프롬프트
>
> 자녀에게 집을 물려주려고 하는데 증여세를 계산해 주세요. 주택 가격은 5억 원입니다.

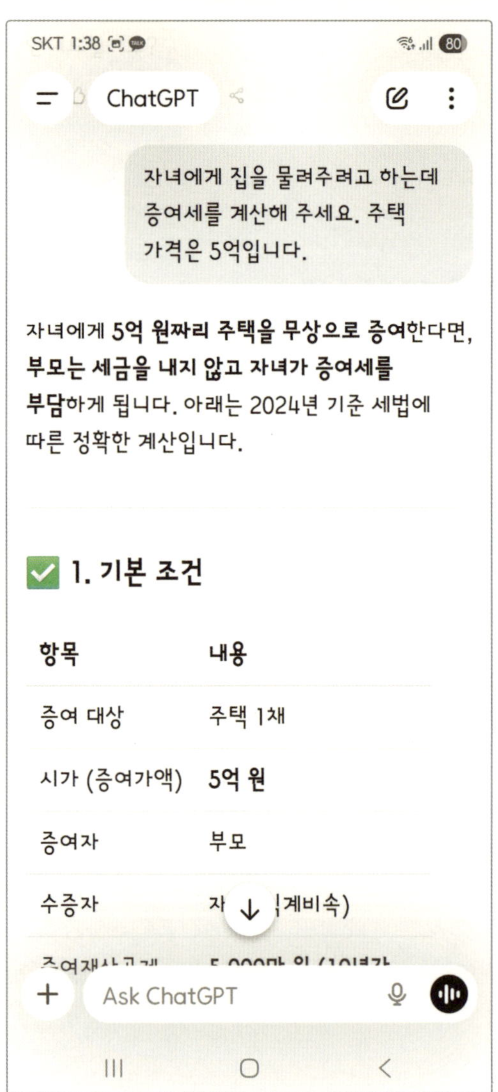

금액에 따라 과세표준, 산출 증여세, 누진공제, 최종 납부 증여세 등 알아보기 쉽게 정리해 줍니다. 또한 절세 요령도 알려 주니 큰 도움이 됩니다.

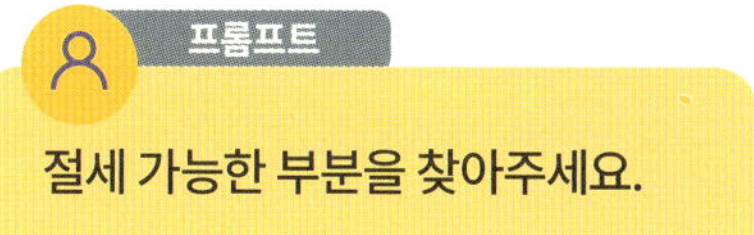

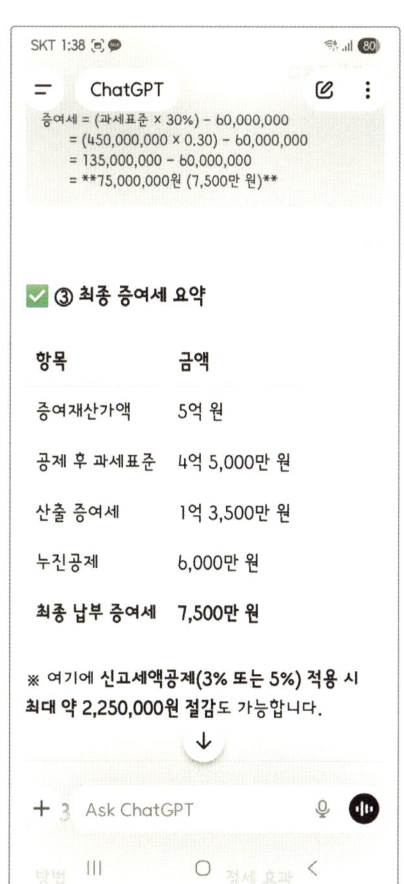

복잡하고 어려웠던 연금과 세금 관련 궁금증도 ChatGPT를 활용하면 하나하나 검색할 필요 없이 바로 해결할 수 있습니다. 나이, 납부 기간, 금액 등을 정확히 알려 주면 개인 상황에 맞춰 쉽게 설명해 줍니다. 이제는 헷갈리는 연금 및 세금 문제도 혼자 고민하지 말고 스마트폰으로 바로 물어보고 궁금증을 해결해 보시길 추천드립니다.

- ▶ 국민연금 앱 '내 곁에 국민연금'에서도 본인 납부 내역과 예상 수령액을 확인할 수 있습니다.

- ▶ ChatGPT에 개인정보를 입력할 때는 주민번호 전체를 입력하지 말고, '1955년생'처럼 필요한 부분만 적는 것이 안전합니다.

- ▶ '홈택스' 앱에서 세금 납부 내역, 연말정산 간소화 자료 등 자세한 세금 관련 정보를 확인할 수 있습니다. 사용하기가 어렵다면 전문가에게 도움을 요청해 보세요.

8장

자기 계발과 일상 관리

8-1 하루 10분, 외국어 선생님 두기

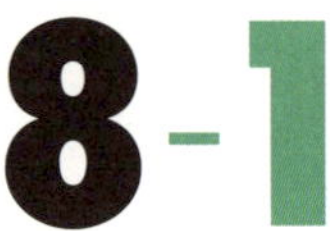

> 손주가 요즘 학교와 학원에서 영어를 배우고 와서 저와 대화를 나누고 싶어 합니다. 그런데 저는 영어를 제대로 배운 적이 없어 제대로 대답해 주지 못해 답답할 때가 많습니다. 하루에 조금만 시간을 들여서 영어 공부를 할 수 있는 방법이 있을까요?

나이가 들수록 새로운 언어를 배우는 일은 어렵게만 느껴집니다. 하지만 요즘은 휴대폰만 있다면 외국어 선생님을 직접 만나지 않아도 집에서 편하게 공부할 수 있는 시대가 되었습니다. 특히 ChatGPT와 같은 인공지능은 단어를 외우는 수준을 넘어 직접 대화를 해 주고 발음 교정까지 도와주는 AI 선생님 역할을 해 줍니다. 지금부터 어렵지 않게 하루 10분만 투자해도 외국어 공부를 계속 이어 갈 수 있는 방법을 알려드리겠습니다.

ChatGPT로 혼자서 영어 공부하기

①

ChatGPT 앱을 실행한 다음 손주와 대화할 때 사용할 영어 회화 문장을 알려달라고 요청해 봅니다. 대화 상대의 나이 등 외국어 수준을 예상할 수 있는 정보도 함께 입력하면 좋습니다.

② 프롬프트

손주와 영어로 대화할 수 있게 기본 회화 문장 몇 가지를 알려 주세요. 손자의 나이는 12살입니다.

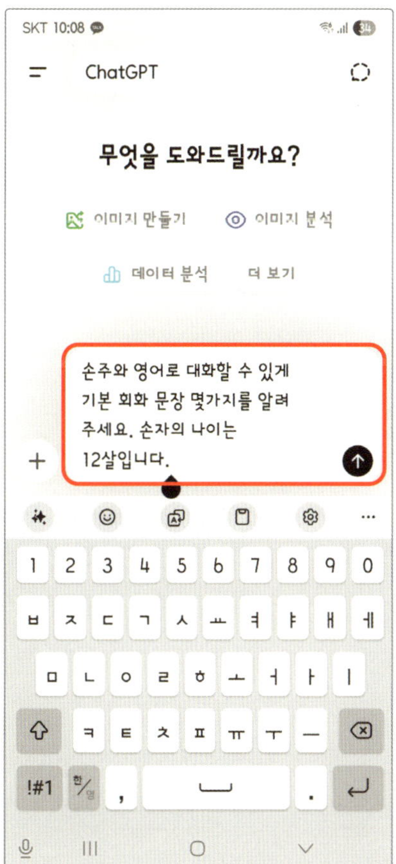

②

AI가 인사, 안부 묻기, 관심사 묻기, 칭찬, 사랑 표현 등 상황에 따라 사용할 수 있는 기본 회화를 알려 줍니다. 필요한 문장은 따로 메모해 두었다가 연습해 볼 수 있습니다.

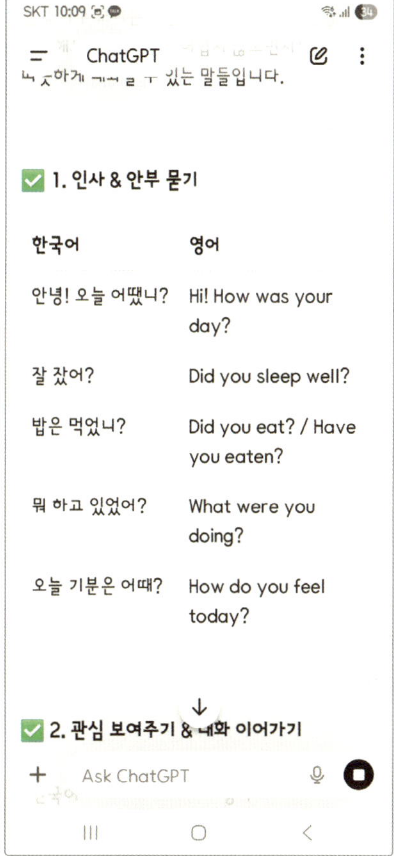

③

영어로 말하고 싶은 문장을 한국어로 입력한 뒤 영어 문장으로 알려달라고 요청할 수 있습니다.

프롬프트

할아버지랑 놀이공원 갈까?를 영어 문장으로 알려 주세요.

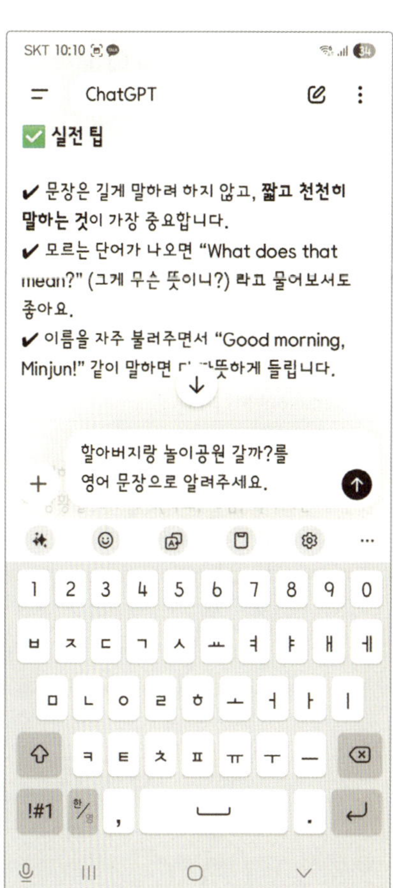

④

AI가 알려 준 문장을 따라 말해보면서 연습해 보세요. AI의 답변 끝에 있는 **스피커(🔊) 버튼**을 누르면 원어민 발음을 확인하고 비교해 볼 수 있습니다.

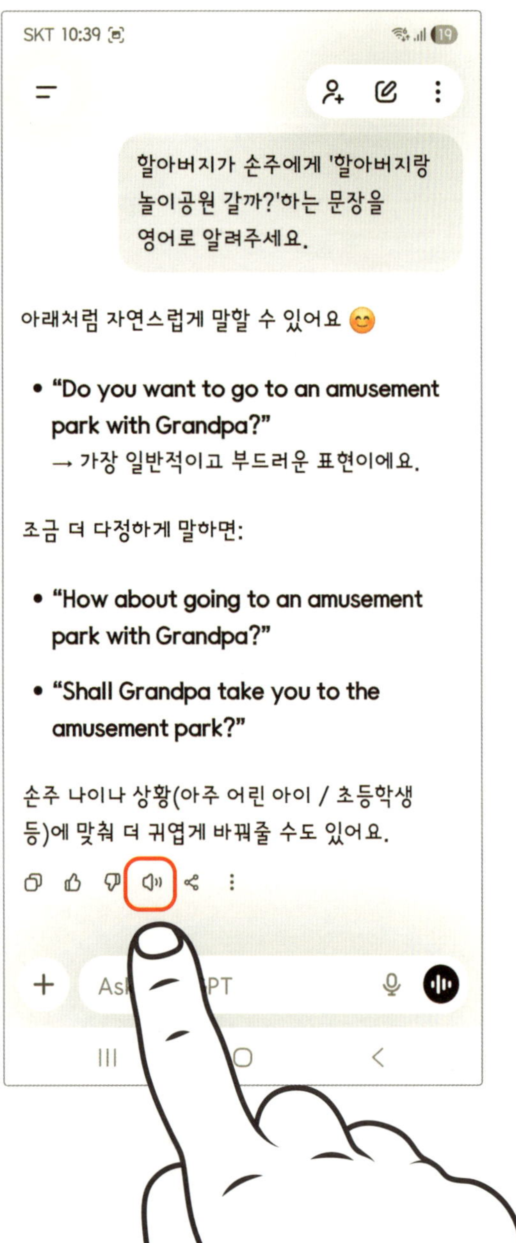

⑤

입력 창 오른쪽의 **'두 번째 물결 모양'** 아이콘()을 눌러 음성 대화 모드로 이동해보세요.
여기서 실제 원어민과 대화하듯이 외국어 연습을 할 수 있습니다.

외국어로 대화한 내용은 모든 대화가 끝난 후 **×** **버튼**을 눌러 텍스트로 확인할 수 있습니다.

외국어는 하루에 많이 하는 것보다 짧게라도 꾸준히 하는 것이 더 중요합니다. ChatGPT는 언제든지 질문할 수 있는, 마치 개인 과외 선생님 같은 역할을 해 줍니다. 시니어분들도 부담 없이 시작할 수 있으며, 틀려도 괜찮으니 편안하게 AI와 외국어를 연습하시면 됩니다. 오늘부터 단 10분씩만 투자해 보면 어떨까요? 어느새 눈에 띄게 늘어난 외국어 실력에 스스로도 놀라게 될 것입니다.

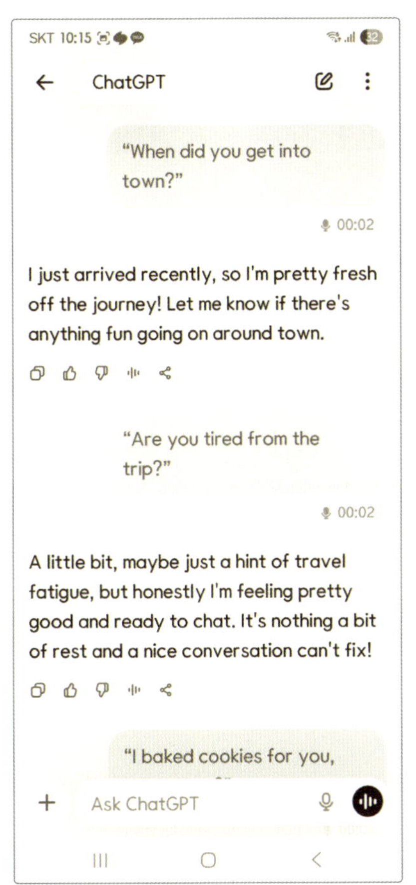

- ▸ 처음부터 문법을 공부하기보다는 자주 쓰는 생활 표현부터 배우면 흥미를 잃지 않고 계속 이어갈 수 있습니다.

- ▸ 외국어로 알아듣거나 말하기가 어렵다면, 우리말도 함께 번역해 달라고 요청해 보세요.

- ▸ 음성 입력 기능을 활용하면 말하기 연습이 가능하며, AI가 발음을 체크해 교정해 주기도 합니다.

- ▸ 회화뿐만 아니라 단어, 문법 등 다양한 외국어 학습에 활용할 수 있으며, 영어를 포함해 일본어, 중국어 등 다른 언어 학습에도 폭넓게 이용해 볼 수 있습니다.

8-2 오늘의 뉴스, 한눈에 요약 받기

66 하루에도 너무 많은 뉴스 기사들이 쏟아져 나옵니다. 그중에서 관심 분야에 대한 기사만 골라서 보고 싶은데 하나하나 찾아 보기가 힘드네요. 관심사와 관련된 뉴스 기사만 정리해서 한눈에 볼 수 있는 방법이 있을까요? 99

지금부터 매일 쏟아지는 주요 뉴스를 빠르고 효율적으로 정리하는 방법을 알아보겠습니다. 기사들을 모두 하나하나 살펴보기보다는, 관심 있는 주제의 핵심 내용만 골라 확인하면 바쁜 일정 속에서도 중요한 정보를 빠르게 파악하며 시간을 절약할 수 있습니다.

ChatGPT로 '오늘의 뉴스' 비서 만들기

1

ChatGPT 앱을 실행하고 나서 입력 창에 주요 뉴스를 정리해 달라고 요청해 봅니다. 이때 기사의 개수 등 세부 조건을 함께 입력하는 것이 좋습니다.

2

AI가 오늘의 주요 뉴스를 한눈에 보기 쉽게 정리해 줍니다. 주요 뉴스 목록과 내용을 확인합니다.

3

AI가 정리한 각 기사의 내용은 **출처 링크**가 함께 표시됩니다. 이 링크는 문단 끝에 위치해 있고, 실제 기사로 이동하려면 **해당 링크**를 누르면 됩니다.

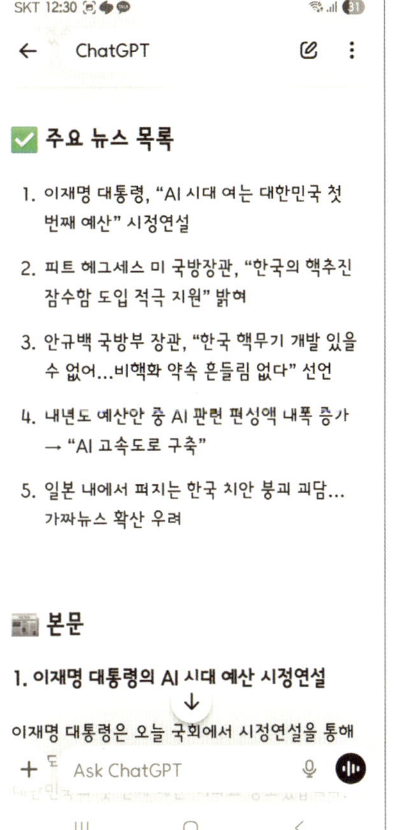

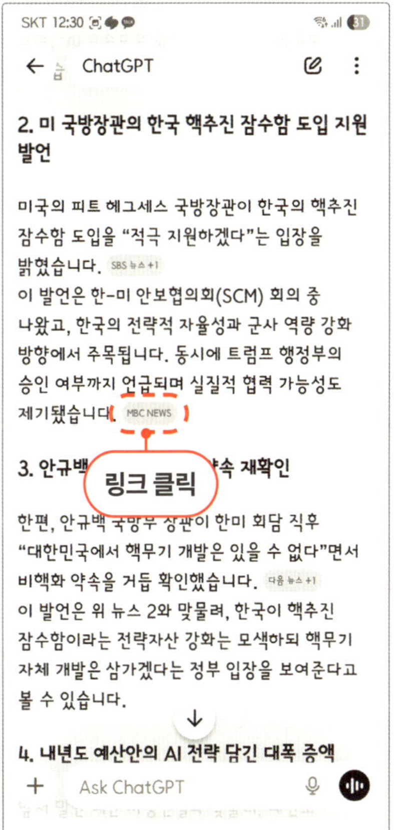

④

화면 하단에서 언론사, 기사 제목 등의 정보가 나타납니다. **이 부분**을 터치하면 출처가 된 인터넷 기사로 이동할 수 있습니다.

⑤

특정 분야의 주요 기사를 더 상세하게 알고 싶다면 요청해 주세요. AI가 더 집중적으로 해당 분야의 뉴스를 찾아 줍니다.

경제 관련 주요 뉴스를 알려 주세요.

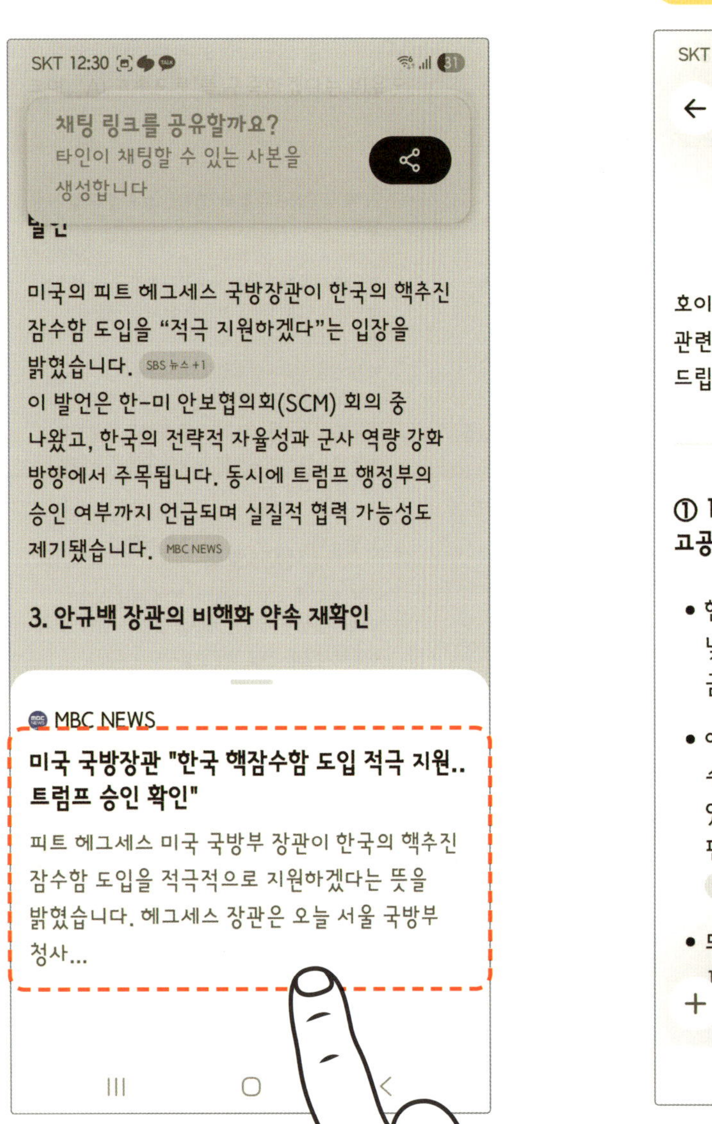

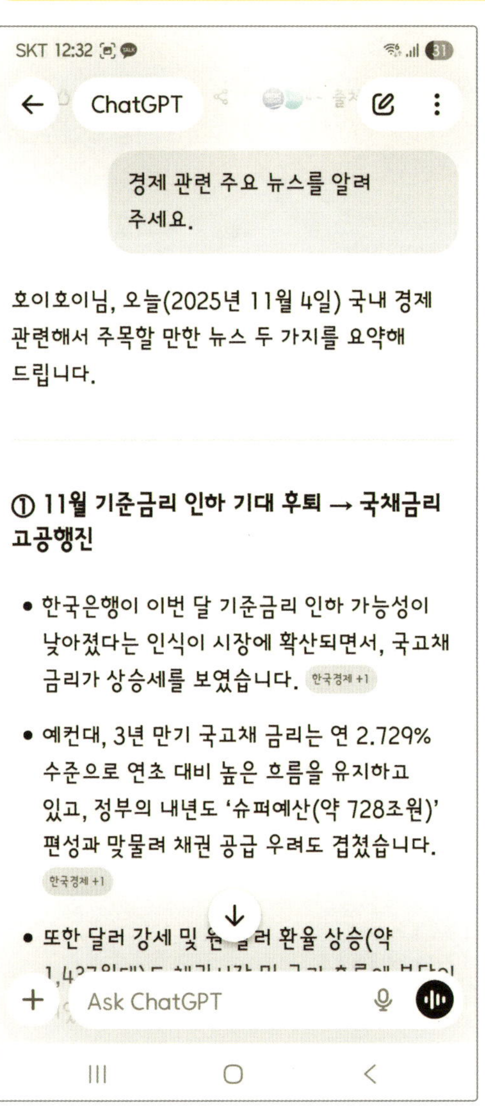

6

AI가 알려 준 전체 내용 마지막에서 **스피커(◁))) 아이콘**을 누르면 요약된 기사 정보를 음성으로 들을 수 있습니다. 스마트폰 화면을 보지 못하는 상황에서도 뉴스 기사를 확인할 수 있습니다.

매일 뉴스 전체를 다 읽지 않아도 알고 싶은 분야의 뉴스 기사만 빠르게 확인할 수 있습니다. ChatGPT를 활용하면 어려운 용어나 긴 기사도 짧고 알기 쉽게 정리된 버전으로 확인할 수 있습니다.

아침마다 혹은 자기 전에 요약 뉴스를 받아보는 루틴을 만들어 보세요. 세상이 어떻게 돌아가고 있는지 중요한 흐름을 놓치지 않고 파악하는 데 도움이 됩니다.

기사 내용 중 어려운 단어가 있거나 이해가 안 되는 부분이 있다면 쉽게 풀어서 알려달라고 요청해 볼 수 있습니다.

기사의 내용을 토대로 AI와 토론도 가능합니다. 본인의 의견을 말하고 대화를 이어가 보시기 바랍니다.

동일한 내용의 기사라도 언론사마다 표현이나 관점이 다를 수 있으니 다양한 언론사의 기사를 요청해 보는 것도 좋습니다.

이럴 때 편리해요

> 요즘 자꾸 깜빡깜빡하고 멍하게 있을 때가 많아졌어요. 엊그제는 아들 전화번호도 기억이 나지 않더라고요. 이러다 치매가 오는 건 아닌가 겁이 납니다. 평소에 퀴즈나 퍼즐을 자주 하면 치매 예방에 도움이 된다고 들었는데, 그런 건 어디서 할 수 있을까요?

나이가 들수록 기억력과 집중력이 예전 같지 않다고 느끼는 순간이 있습니다. 하지만 두뇌는 근육처럼 꾸준히 훈련하면 오히려 더 활발하게 움직일 수 있습니다. 특히 퀴즈나 퍼즐은 단순한 놀이를 넘어 인지 기능을 자극하고 치매를 예방하는 데 큰 도움이 됩니다. 오늘은 ChatGPT를 활용해 나만의 두뇌훈련 퀴즈와 퍼즐을 만들어 즐기는 방법을 소개해드리겠습니다.

ChatGPT로 치매 예방하기

ChatGPT 앱을 실행하고 입력 창에 퀴즈를 만들어 달라고 요청합니다.

프롬프트

> 치매 예방에 도움이 되는 단어 퀴즈 5개 만들어 주세요.

AI가 간단한 퀴즈를 생성합니다. 천천히 읽어 보면서 퀴즈를 풀어봅니다.

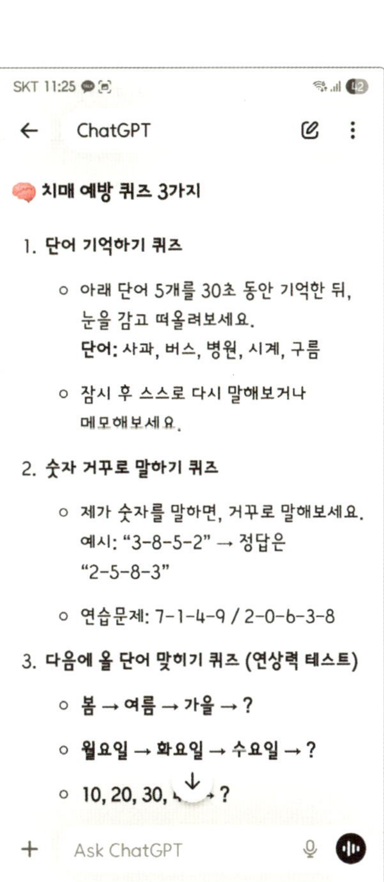

AI가 처음에는 너무 쉽거나 어려운 퀴즈를 낼 수 있으니, 난이도 조절을 요청해 보세요.

프롬프트

> 난이도를 조금 높여 주세요.

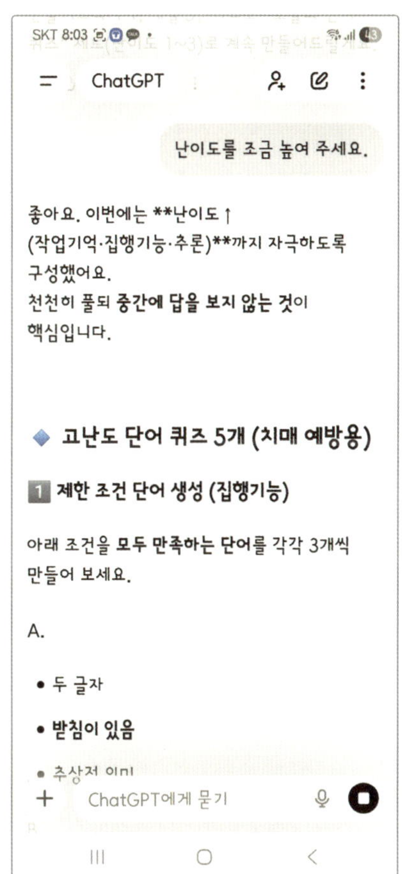

4

이번에는 속담 이어 말하기 퀴즈를 요청해 봅니다.

 프롬프트

쉬운 속담 이어 말하기 퀴즈 3개를 만들어 주세요.

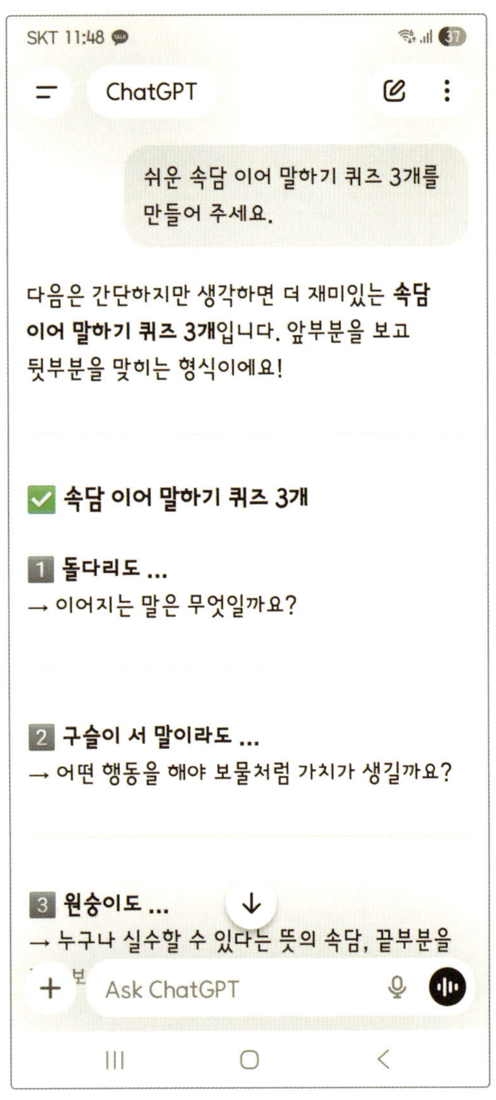

5

정답을 입력하고 전송합니다. 답이나 맞춤법이 틀리지 않도록 잘 보고 입력해 줍니다.

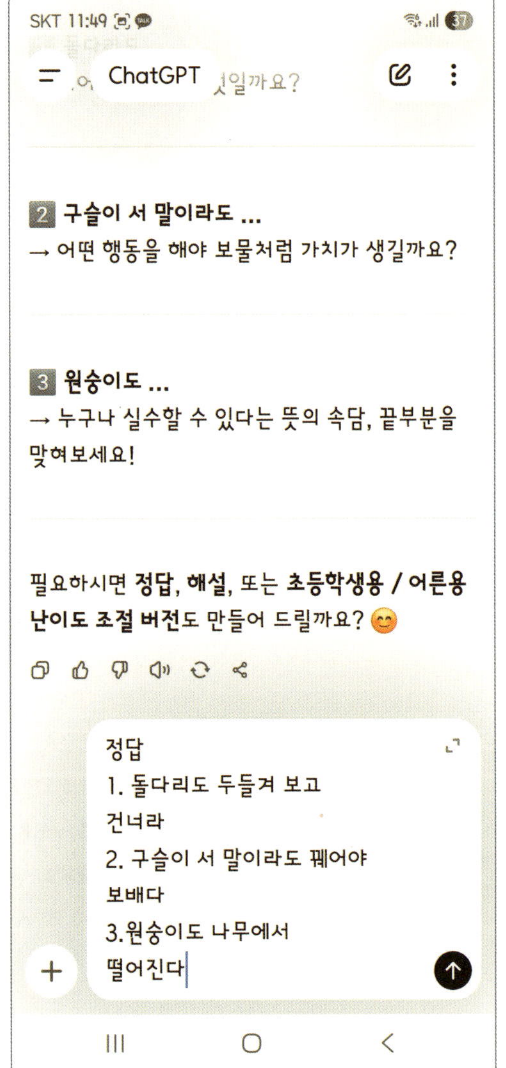

AI가 정답을 채점하고 해설도 제공합니다. 틀린 문제는 왜 틀렸는지 스스로 생각해 보고 다시 풀어보면 두뇌 훈련에 도움이 됩니다.

ChatGPT를 활용하면 누구나 손쉽게 두뇌를 자극하는 퀴즈와 퍼즐을 만들 수 있습니다. 하루 10분만 투자해도 뇌 건강을 지키는 습관이 형성됩니다. 오늘부터 스마트폰으로 두뇌 운동을 시작해 보는 것은 어떨까요?

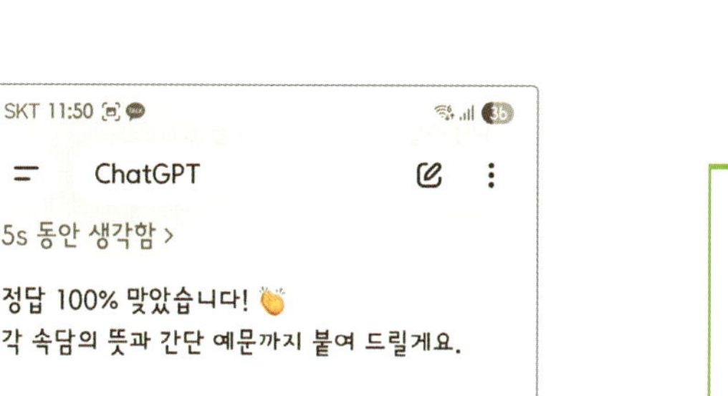

▶ 그림 퍼즐이나 시각 퀴즈를 원하신다면, 이미지 생성을 요청해 보세요.

▶ 문제를 풀다가 모르는 단어가 나오면, 바로 "뜻 알려 줘."라고 물어보세요.

▶ "1990년대 유행가 퀴즈 만들어 줘."처럼 과거의 경험을 떠올리는 퀴즈는 인지 기능 유지에 도움이 됩니다. 추억을 되새기며 자연스럽게 뇌를 자극할 수 있습니다.

8-4 성경, 불경 구절 매일 챙겨보기

> 요즘은 아침마다 마음이 분주해 성경을 읽을 여유가 없어요. 또 가끔은 마음이 무겁고 힘들 때 어떤 말씀을 보면 좋을지 누군가에게 추천받고 싶을 때도 있습니다. 지금 내 심정에 딱 맞는 성경 구절을 매일 한 구절씩 볼 수 있으면 좋겠어요.

바쁜 일상 속에서도 마음의 평안을 얻을 수 있는 한 문장이 하루를 바꾸곤 합니다. 성경이나 불경의 짧은 구절은 그저 종교적인 문장이 아니라, 삶을 돌아보게 하고 마음을 다잡게 하는 길잡이 역할을 합니다. 오늘은 스마트폰 하나로 매일 이런 위로의 문장을 손쉽게 받아볼 수 있는 방법을 소개해드리겠습니다.

ChatGPT로 종교 공부하기

ChatGPT 앱을 실행하고 입력 창에 **성경 구절**을 알려 달라고 요청합니다.

AI가 마음의 위로가 돼 주는 성경 구절을 전달해 줍니다.

매번 요청할 필요 없이 매일 정해진 시간에 성경 구절을 알려 달라고 하면 더 편리하게 챙겨볼 수 있습니다.

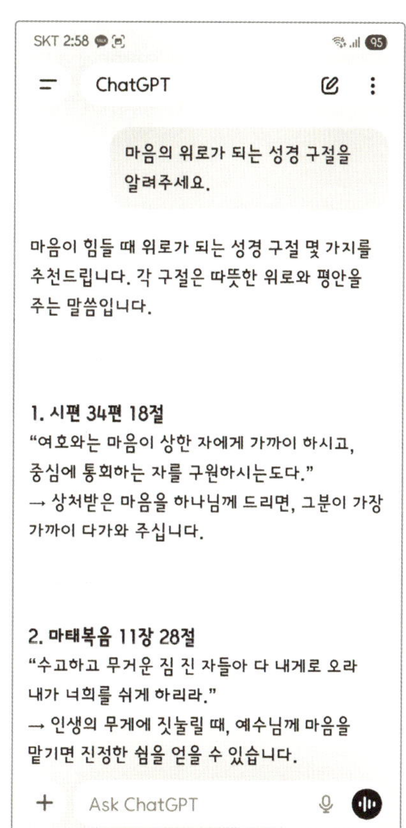

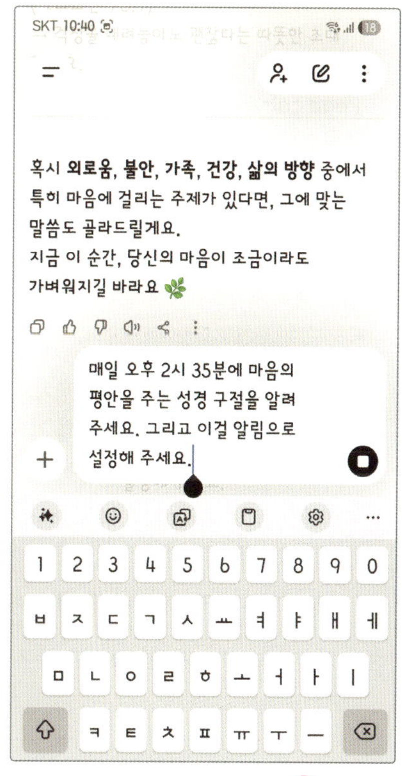

▶▶ 특정 시간에 알림을 받는 기능은 무료 계정에서는 제공되지 않으며, 유료 버전에서만 사용할 수 있습니다.

4

AI가 요청한 시간에 성경 구절을 자동으로 보내줍니다. 알림이 뜨면 ChatGPT로 들어가 확인할 수 있습니다.

5

불경 구절을 챙겨 보고 싶을 때 역시 동일한 방법으로 요청하거나 예약할 수 있습니다.

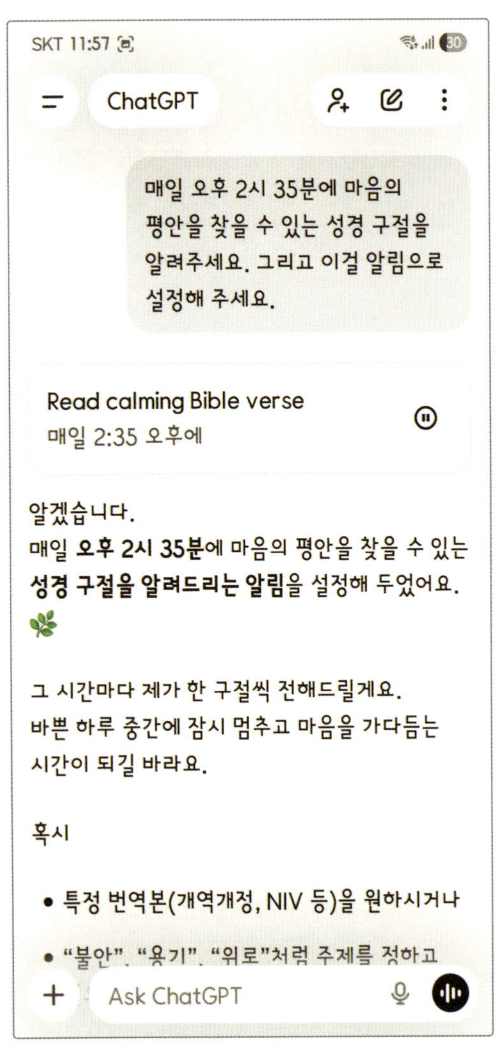

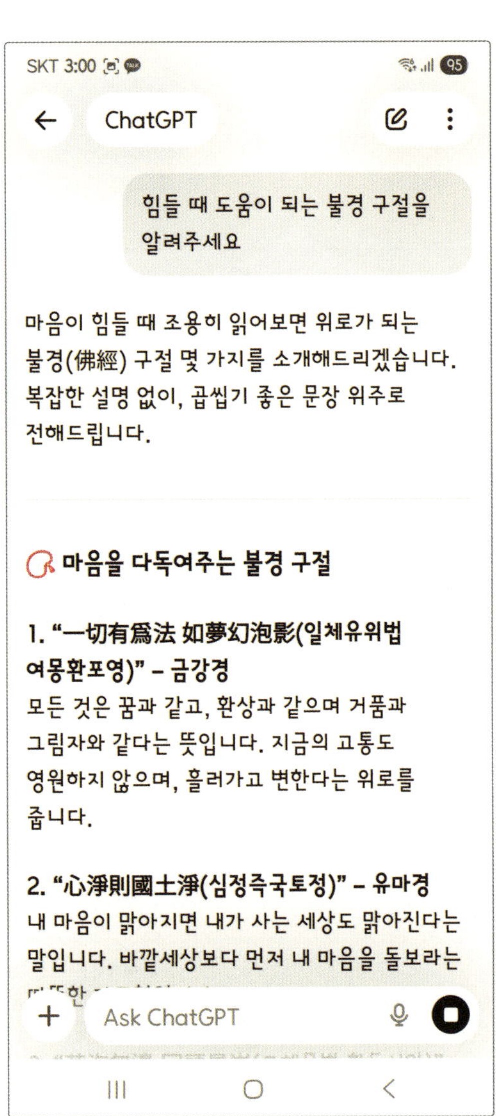

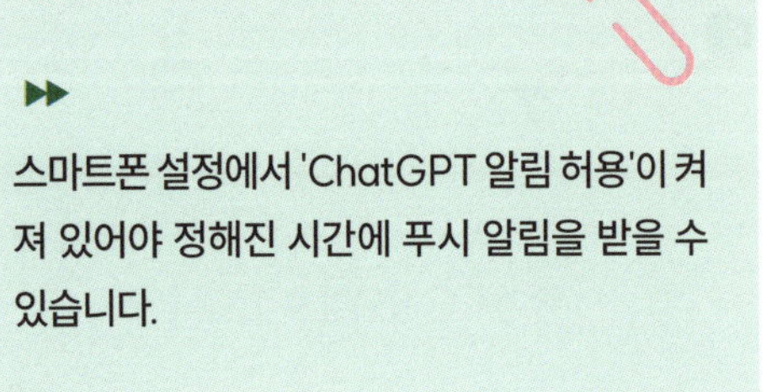
▶▶

스마트폰 설정에서 'ChatGPT 알림 허용'이 켜져 있어야 정해진 시간에 푸시 알림을 받을 수 있습니다.

종교와 상관없이 성경 구절과 불경 구절 모두 챙겨 보고 싶다면 정해진 시간에 하나씩 함께 보내달라고 요청할 수 있습니다.

하루 1분의 짧은 시간이라도 꾸준히 성경이나 불경의 구절을 읽는다면 마음이 훨씬 단단해집니다. 종교의 차이를 떠나, 매일의 문장은 인생의 방향을 다시 세워주는 등불이 되어 줍니다. 처음에는 방법이 어려워 보일 수 있지만, 한 번만 설정해 두면 매일 자동으로 마음을 편안하게 해주는 시간이 마련됩니다.

프롬프트

> 매일 오후 3시에 성경 구절 1개와 불경 구절 1개를 함께 보내주세요. 이 요청을 예약 알림으로 설정해 주세요. 매일 다른 구절로 보내주시면 좋겠습니다.

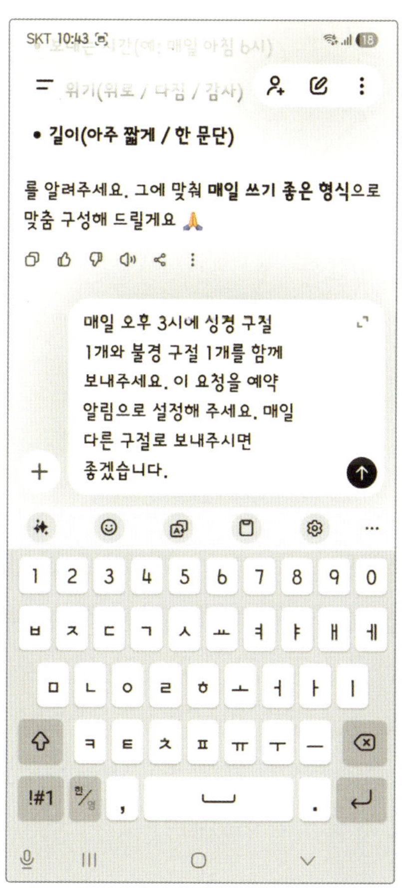

- ▷ "오늘의 위로 구절 해석해 줘."라고 하면 긴 구절의 뜻을 쉽게 이해할 수 있습니다.
- ▷ "마태복음 5장 4절 알려 줘."처럼 알고 싶은 구절을 직접 지정할 수 있습니다.
- ▷ 스피커 버튼을(🔊) 누르면 성경이나 불경의 구절을 음성으로 들을 수 있습니다.

8-5 증상 분석, 약 이름과 주의사항 확인하기

> 갑자기 몸이 쳐지고 열이 나는 것 같아요. 한쪽 손도 저려오는데 겁이 나더라고요. 최근 무리를 하긴 했는데 지금 이 증상이 뭐 때문인지 병원에 가기 전에 확인해 보고 싶어요. 지금 집에 약이 몇 개 있는데 무슨 약인지, 제 증상에 이걸 먹어도 되는지 궁금해요.

나이가 들수록 잦은 통증이나 불편한 증상을 느끼게 되면서 이게 단순 감기인지, 혈압 때문인지 헷갈릴 때가 많습니다. 병원에 가기 전 잠깐이라도 내 증상을 점검하고 복용 중인 약의 이름과 주의사항을 확인할 수 있다면 훨씬 안심이 됩니다. 요즘은 스마트폰 하나만 있어도 이러한 정보를 손쉽게 알아볼 수 있는 시대입니다. 그 방법을 확인해 보도록 하겠습니다.

병원 가기 전 ChatGPT로 증상 점검하기

①

ChatGPT 앱을 켜고 현재 느끼는 몸의 증상을 이야기하고 어떤 원인이 있을 수 있는지 물어봅니다. 증상을 상세히 알려 줄수록 정확한 정보를 확인할 수 있습니다.

②

AI가 증상을 분석해 가능성 있는 원인들을 제시해 줍니다.

③

원인에 따라서 함께 동반되는 다른 증상들도 알려 주기 때문에 비교해 보고 어떤 원인이 가능성이 가장 높은지 확인할 수 있습니다.

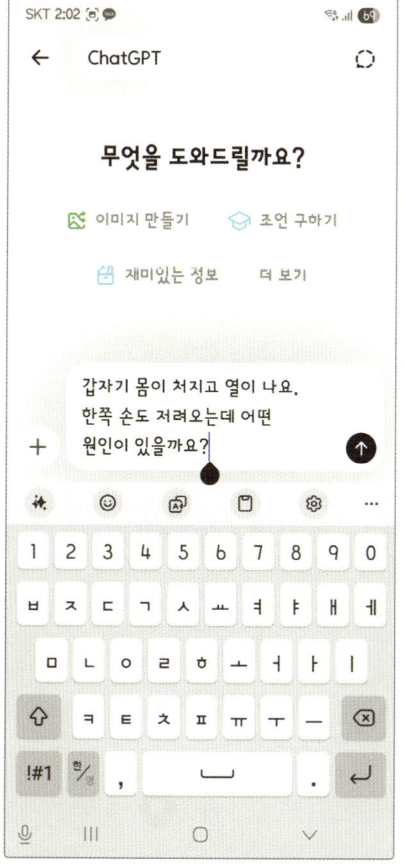

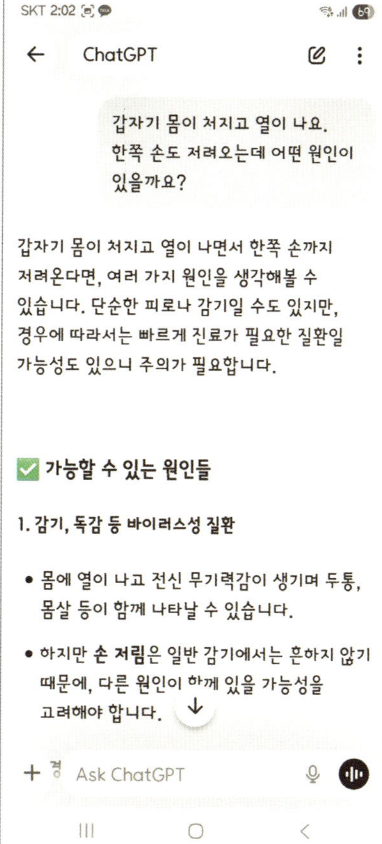

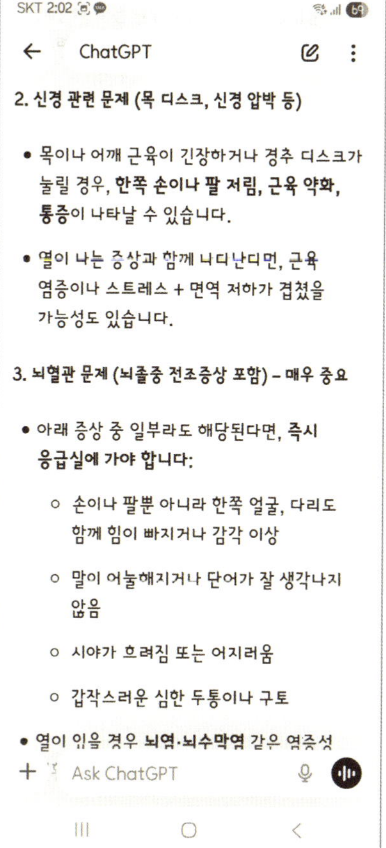

4

바로 병원에 가야 하는 중대한 증상에 대해서는 따로 정리해 줍니다. 여기에 하나라도 해당이 된다면 즉시 의사의 진료를 받아야 합니다.

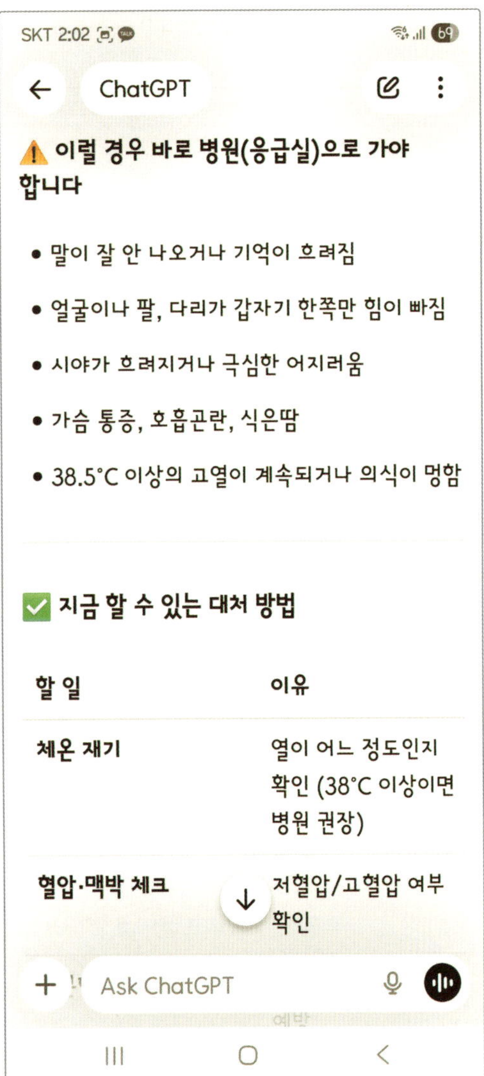

5

집에 있는 약이 어떤 상황에서 먹어야 하고 주의사항은 뭐가 있는지 확인하는 것도 가능합니다. 약의 이름, 용량 등을 입력하고 확인을 요청하면 AI가 그에 대해 자세히 정리해 줍니다.

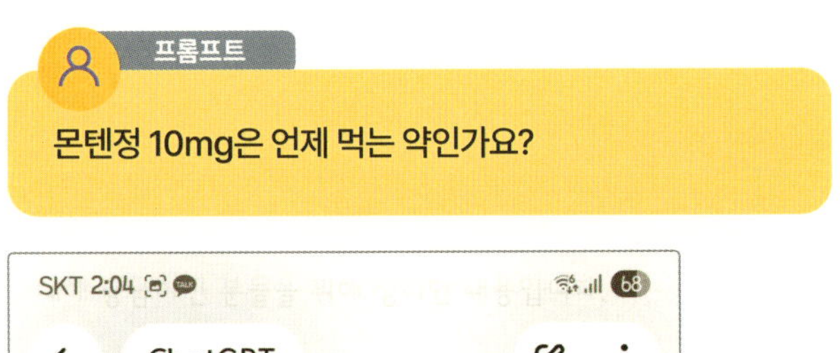

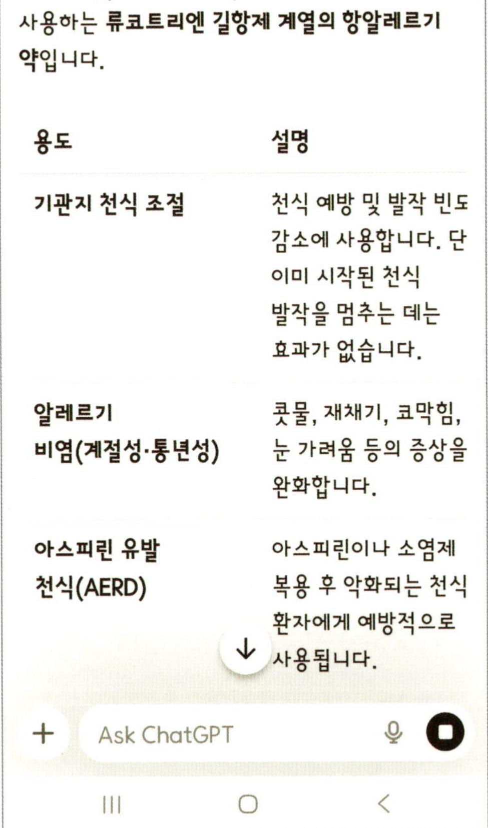

약의 용도는 물론이고 복용 시간, 부작용 등과 같은 주의사항도 함께 알려 주기 때문에 많은 도움이 됩니다.

이제는 병원에 가지 않아도 스마트폰 하나로 증상 분석과 약 정보 확인이 가능한 시대입니다. ChatGPT를 활용하면 복잡한 의학 용어 대신 이해하기 쉬운 설명을 들을 수 있어 시니어분들에게 특히 도움이 됩니다. 다만, 이는 어디까지나 참고용임을 기억하고 증상이 지속되면 반드시 전문가의 진료를 받아야 합니다.

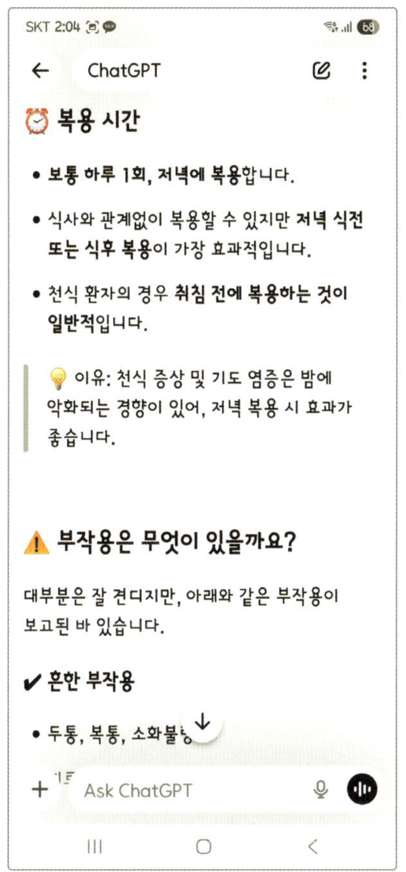

▶ '노인 감기약 부작용'처럼 연령대에 적합한 키워드로 검색하면 더 정확한 정보를 얻을 수 있습니다.

▶ 현재 복용 중인 약을 모두 입력하면 ChatGPT가 간단한 표 형식으로 정리해 줍니다.

▶ 처방전이나 약 봉투, 약 사진을 업로드하면 약 정보를 더 쉽게 확인할 수 있습니다. 이 경우 글자와 약 이름이 잘 보이도록 촬영하는 것이 중요합니다. 단, 처방전 업로드 시 개인정보가 촬영되지 않도록 주의해 주세요.

▶ 지금 내 증상에 맞는 진료과를 알려 달라고 요청해 보세요. 어떤 병원을 가야 할지 안내해 줍니다.

부록

GPT 사용 주의사항

부록 1 개인 정보, 절대 알려 주면 안 되는 것

요즘은 모르는 게 있으면 챗봇에게 바로 물어보는 게 습관이 되었습니다. 손주에게 보여줄 영어 문장도 물어보고 은행 업무도 물어보니 정말 편리합니다. 그런데 예전 대화에서 입력해두었던 계좌번호를 ChatGPT가 기억해서 다시 이야기하는 것을 보고 깜짝 놀랐습니다. 이거 괜찮을까요?

요즘 많은 분들이 ChatGPT를 이용해 글을 쓰거나 정보를 찾으며 큰 도움을 받고 있습니다. 하지만 편리함 뒤에는 보이지 않는 위험이 숨어 있습니다. 대화형 인공지능은 입력된 내용을 기억하거나 학습에 참고할 수 있기 때문에 개인 정보를 잘못 입력하면 원치 않게 외부에 노출될 위험이 있습니다. 특히 연세가 많은 분들이 실수로 전화번호, 계좌번호 등의 정보를 입력하는 경우가 많아 더욱 주의해야 합니다.

이런 정보는 절대 적지 마세요

①

ChatGPT는 사람이 아니라 인공지능이므로 아무리 다른 사람이 보지 못하는 대화라고 모든 대화 내용이 안전하다고 착각하면 안 됩니다. 이름, 주소, 연락처 등 **개인을 식별할 수 있는 정보**를 입력하는 것은 매우 위험합니다.

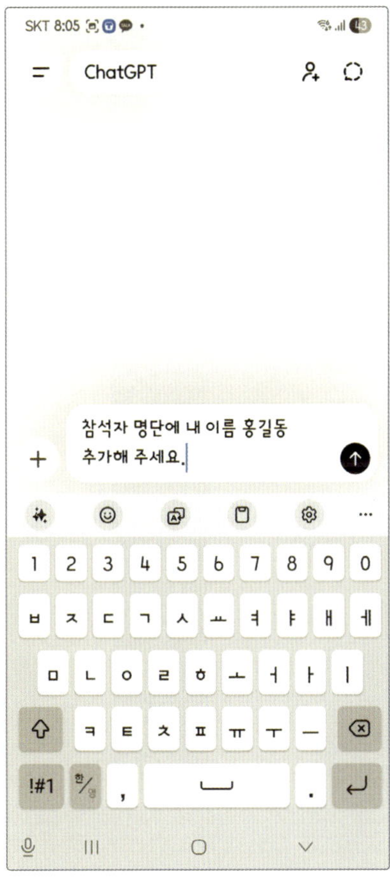

②

대화 중에 "제 계좌번호는 123…" 또는 "우리 집은 서울시 어디…"처럼 구체적인 정보를 입력하면, 시스템이 이를 내부 서버에 임시 저장할 수 있습니다. 이 정보가 외부로 유출되면 **악용될 가능성**이 있습니다.

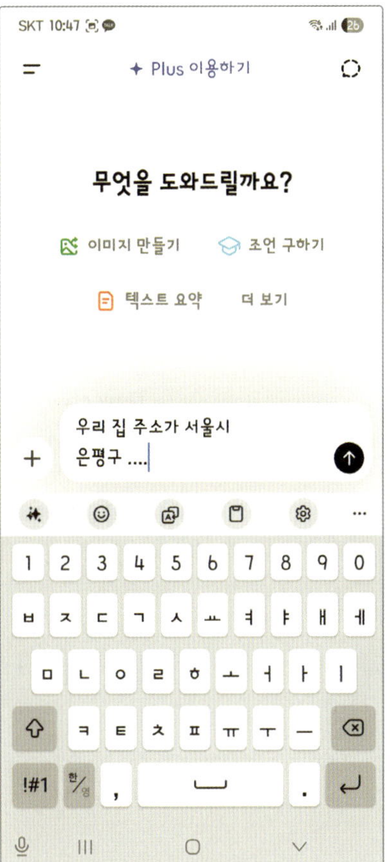

③

가족, 친구, 직장 동료 등의 실명이나 **사적인 대화 내용**도 입력하지 않는 것이 좋습니다. 챗봇은 대화 내용을 분석하므로 타인의 정보까지 함께 노출될 수 있습니다.

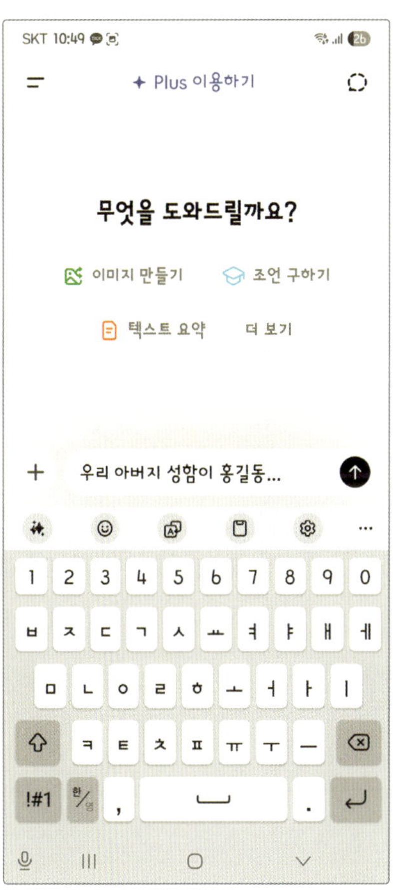

4

사진이나 파일을 업로드할 때도 주의해야 합니다. 신분증, 통장, 계약서 등 **개인 정보가 포함된 파일**은 업로드하지 않아야 합니다. 이미지 속 텍스트까지 인식할 수 있어 위험합니다.

5

여러 사람과 ChatGPT 계정을 함께 사용하는 경우 더 신중해야 합니다. 저장된 대화는 나중에 다른 사람이 확인할 수 있거나 자동 백업 과정에서 저장 공간에 남을 수 있기 때문입니다.

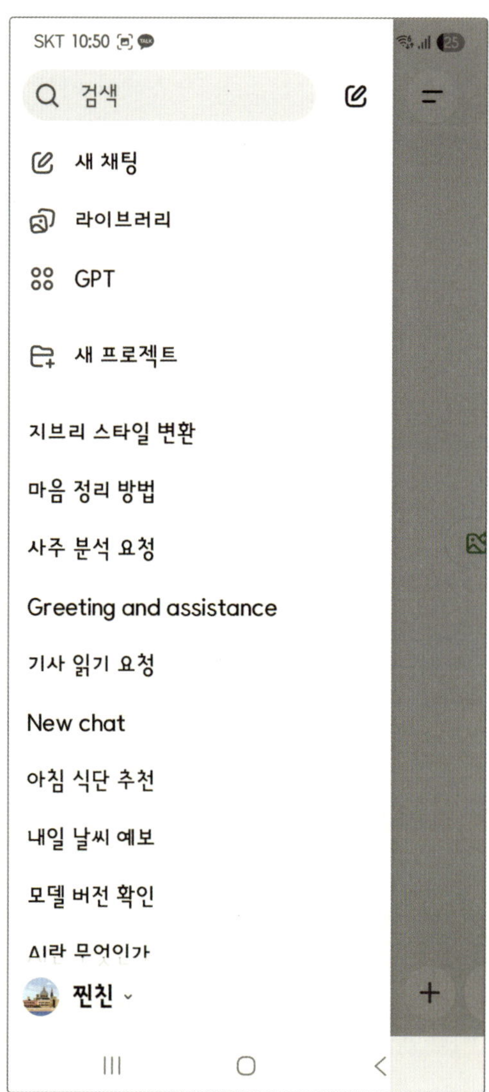

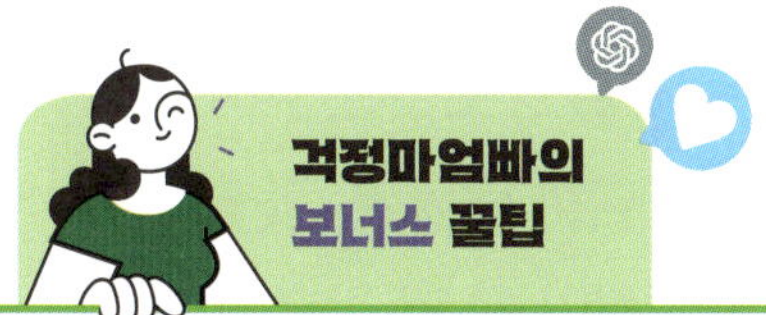

❻

제3자가 만든 비공식 ChatGPT 앱이나 유사한 사이트는 사용하지 않는 것이 좋습니다. 가짜 로그인 창이나 광고 링크를 통해 개인 정보를 수집하는 사례가 많습니다. 반드시 공식 **ChatGPT 앱(OpenAI)**을 사용해야 합니다.

ChatGPT는 편리하고 똑똑하지만 결국 인터넷 기반의 서비스입니다. 따라서 대화 내용은 비밀이 아니라 얼마든지 공개될 수 있는 정보로 인식하고 사용하는 것이 안전합니다. 이름, 주소, 계좌번호, 가족 이야기 등은 절대 입력하지 말고 필요한 정보만 묻는 습관을 들이세요. 인공지능을 현명하게 사용하는 것이 곧 개인 정보를 지키는 첫걸음입니다.

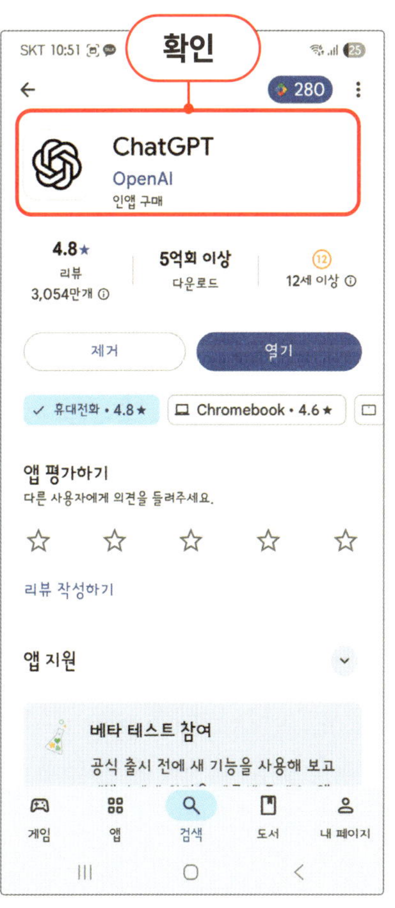

걱정마엄빠의 보너스 꿀팁

- ChatGPT에 로그인할 때 구글 계정 비밀번호를 절대 타인에게 공유하지 마세요.
- 민감한 대화는 익명 표현으로 바꿔 입력하세요. (예: "A 씨", "서울의 한 지역")
- 주기적으로 대화 내용을 삭제해 주는 것이 좋습니다.
- 가능하면 본인 계정으로 혼자 ChatGPT를 이용하는 것이 바람직합니다. 여러 사람이 함께 사용해야 하는 상황이라면, 신뢰할 수 있는 사람들과만 이용하세요. 이 경우에도 개인 정보는 각별히 주의해야 합니다.

부록 2 — AI가 틀릴 때, 팩트 체크 습관 들이기

> ❝ ChatGPT에게 건강 관련 질문을 하고 알려 준 정보를 따라했는데 알고 보니 완전히 잘못된 정보였더라고요. 중요한 내용은 그냥 믿기보다는 사실인지 확인해야 할 것 같은데 어떻게 확인할 수 있을까요? ❞

요즘 AI가 말해 주는 정보가 매우 편리해서 자주 사용하게 되지만, 가끔은 틀린 정보를 주기도 합니다. 특히 건강, 금융, 여행 예약처럼 중요한 내용을 그대로 믿었다가 낭패를 보는 경우도 있습니다. 그래서 AI가 알려 준 내용을 믿기 전에 한 번 더 확인하는 팩트 체크 습관을 들이는 것이 중요합니다.

ChatGPT도 틀릴 수 있다!

먼저 AI의 답변을 들으면 무조건 **'사실일까?'**라는 의심을 한 번 해 보는 습관을 가지면 좋습니다. AI는 정보를 만들지 않고 학습된 데이터를 바탕으로 유추하기 때문에 오래된 자료를 인용할 수도 있습니다.

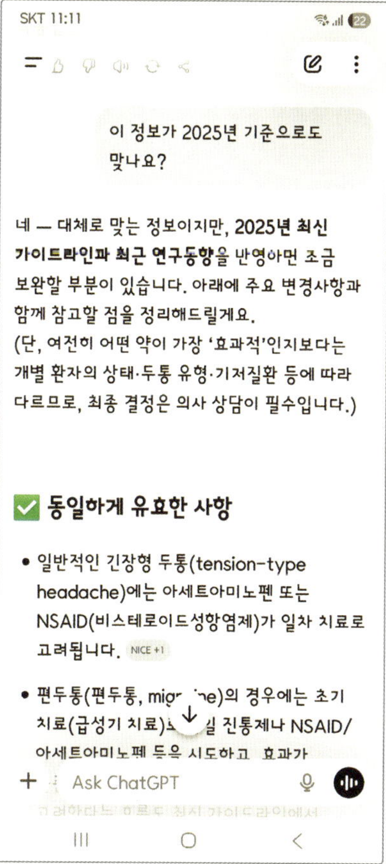

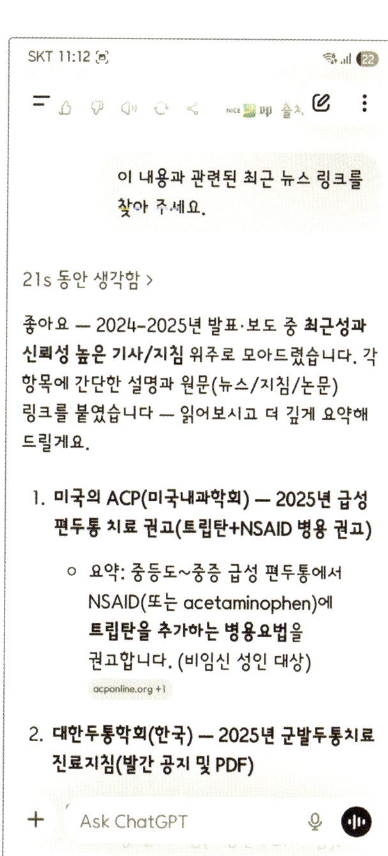

검색 기능을 이용해 AI가 말한 내용을 검증합니다. AI가 알려 준 내용의 핵심 키워드만 추려서 포털이나 뉴스 앱에서 검색해 보면 최신 정보와 비교할 수 있습니다.

정부나 공공기관의 공식 앱이나 홈페이지에서 직접 확인해 보는 습관을 기르는 것도 좋습니다.
예를 들어 금융감독원이나 보건복지부 홈페이지의 〈보도자료〉 메뉴를 통해 정확한 내용을 확인할 수 있습니다.

4

블로그나 카페 글을 참고할 때는 작성일과 출처를 꼭 확인합니다. AI가 오래된 글이거나 광고성 글을 인용했을 가능성도 있습니다.

최근 작성된 정보만 참고해서 알려 주세요.

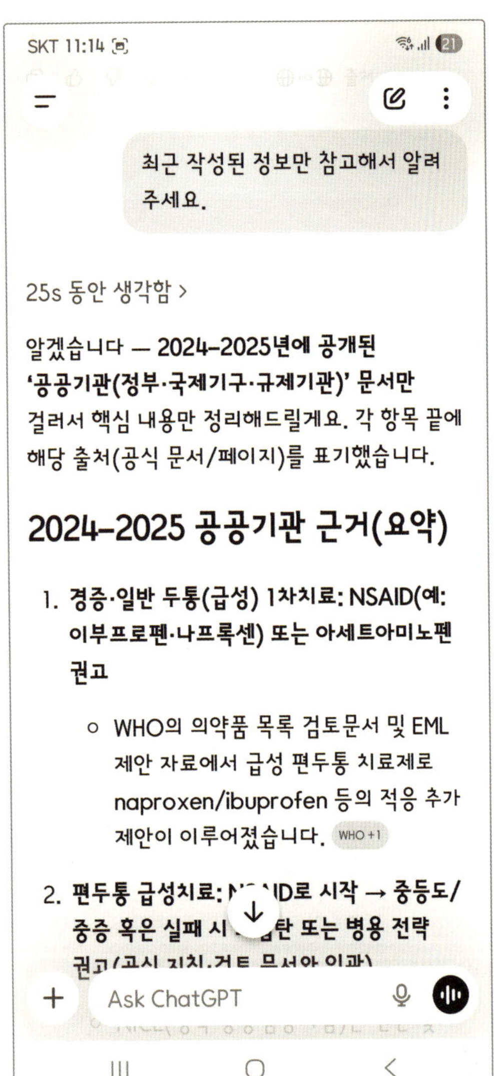

5

이미지나 표 자료는 원본 사이트로 직접 들어가 보는 습관을 들여보세요. AI가 요약한 표나 그래프는 일부만 발췌한 경우가 많기 때문에, 원문을 보면 전혀 다른 의미로 해석될 수도 있습니다.

이 표의 원문 링크나 출처를 알려 주세요.

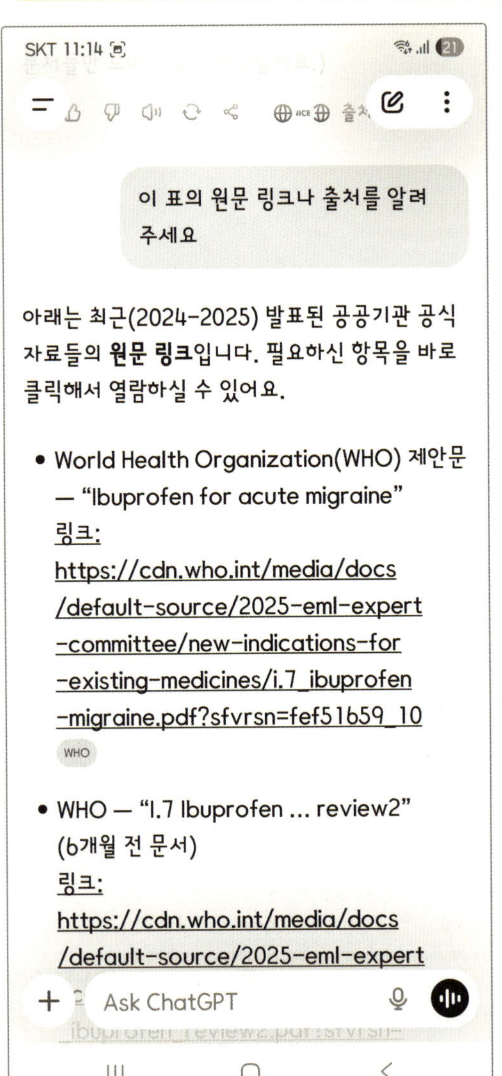

6

AI가 제공한 정보를 그대로 받아들이기보다는, 항상 출처와 근거를 함께 확인해 보세요.

제시된 결론은 보는 관점이나 상황에 따라 다르게 해석될 수 있습니다. 어디까지나 AI는 판단을 돕는 도구일 뿐, 최종적인 결정과 책임은 사용자 본인에게 있습니다.

AI는 훌륭한 도우미이지만, 모든 정보를 100% 정확하게 제공하지는 않습니다.

따라서 'AI가 알려줬으니 맞겠지'라고 생각하기보다는, 'AI가 알려줬지만 한 번 더 확인해 보자'는 자세가 필요합니다. 조금만 더 주의를 기울이면 잘못된 정보로 인한 불편을 충분히 예방할 수 있습니다. 결국 중요한 것은 꾸준한 사실 확인 습관입니다.

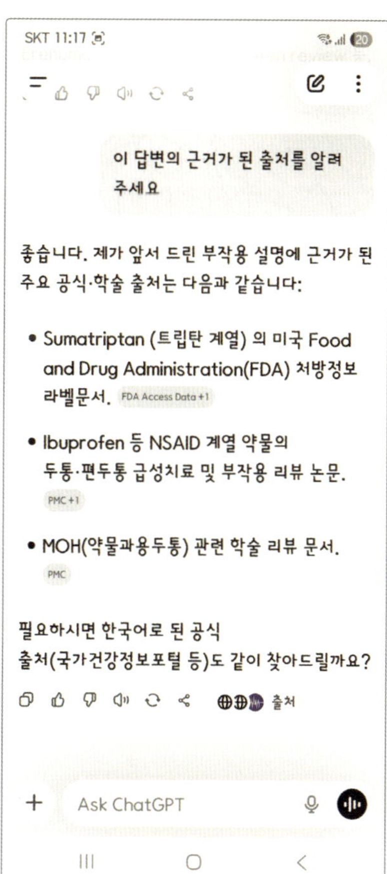

- AI가 알려 주는 의료, 법률, 재무 관련 정보는 전문가 상담을 통해 한 번 더 확인하세요.

- ChatGPT, 제미나이 등 여러 AI 앱을 함께 활용해 교차 검증해 보는 것도 좋은 방법입니다.

- 링크나 참고 자료가 제시되지 않은 답변은 그대로 믿기보다, 직접 검색해 한 번 더 확인하는 것이 좋습니다.

부록 3 사기나 가짜 뉴스 구별하는 법

> 요즘 어디에 투자하면 큰 수익을 낼 수 있다고 하는 전화나 문자 메시지가 많이 옵니다. 뉴스 기사를 보여 주며 전망이 정말 좋다고 투자 권유를 하더라고요. 근데 이게 진짜인지, 믿을 만한 내용인지 사실을 확인할 수 없어서 답답합니다.

요즘은 스마트폰만 켜도 뉴스, 문자, 단체방 메시지 등 각종 정보가 쏟아져서 무엇이 진짜인지 헷갈릴 때가 많습니다. 전화로 큰 투자 수익을 얻게 해 준다고 유혹하는 권유도 많이 받습니다. 특히 시니어분들은 사실 확인을 제대로 하지 못하고 그대로 믿는 경우가 있고 금전적 피해까지 이어질 수 있어 더욱 주의가 필요합니다.

사기나 가짜 뉴스 이렇게 구별하세요

❶

전화나 문자, 혹은 지인으로부터 투자 권유를 받았을 경우 ChatGPT 앱에 해당 내용을 입력해 사기 가능성이 있는지 확인해 보세요.

❷

만약 그 내용이 사기에 쓰이는 흔한 수법이라면 AI가 이를 잡아내고 해당 제안을 믿지 말라고 이야기해 줍니다. 또한 해당 제안이 왜 사기이거나 위험한지에 대해서도 설명해 주기 때문에 큰 도움이 됩니다.

❸

AI가 대응 방법까지 함께 정리해 주므로, 비슷한 상황이 다시 발생하더라도 침착하게 대처할 수 있습니다.

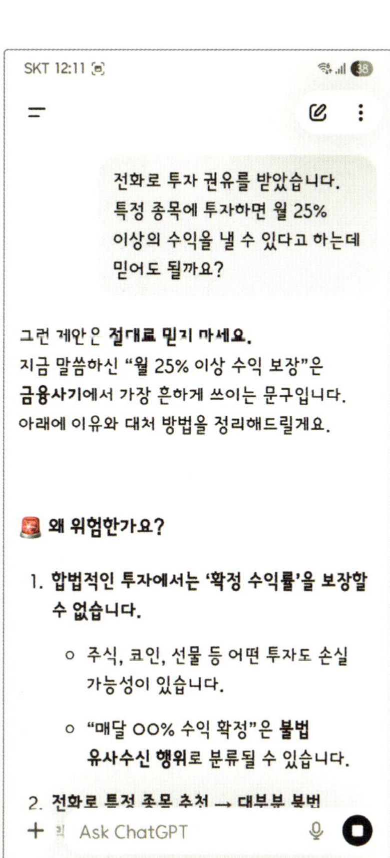

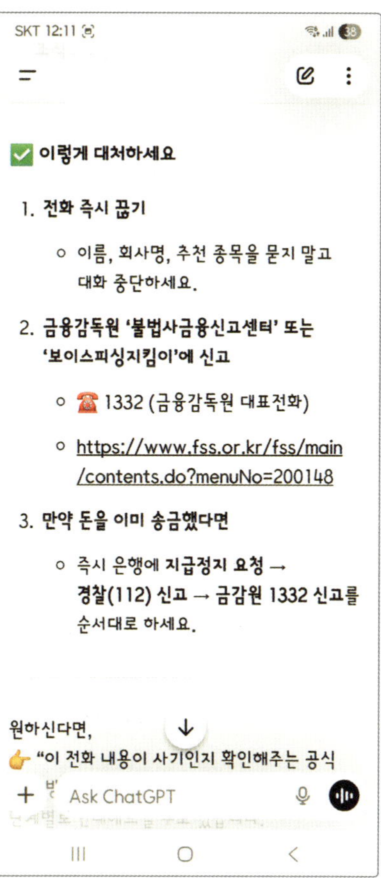

❹

사람들을 현혹하기 위해 그럴듯한 말로 내용을 포장하는 경우가 있습니다. 이러한 멘트도 AI에게 공유하면 위험성이 있는지 확인하는 데 도움이 됩니다.

> 👤 **프롬프트**
>
> 금융감독원으로부터 허가받은 합법적인 업체라고 하던데요?

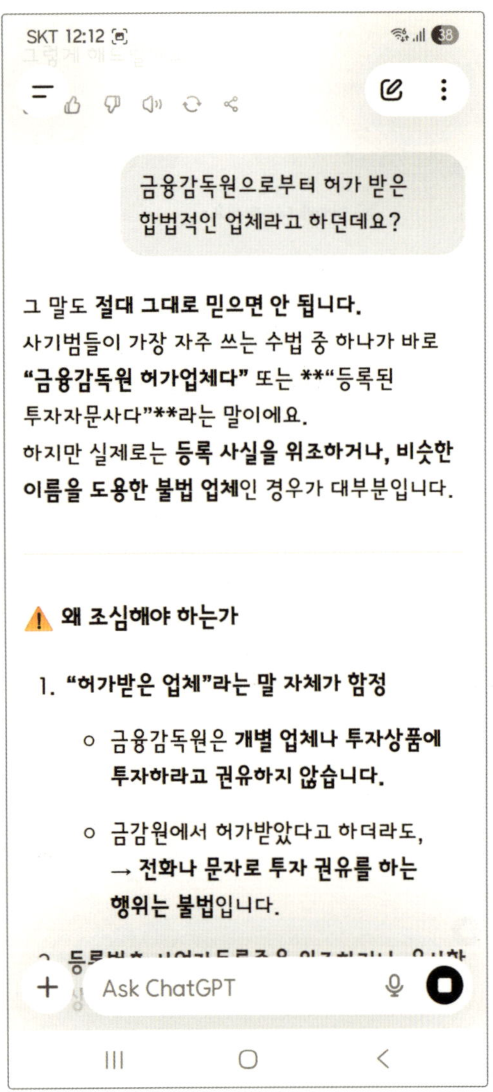

❺

포털, 메신저 등에서 받은 뉴스 기사 혹은 요약 내용이 사실인지 아니면 가짜 뉴스인지 스스로 판별하기가 어렵다면 ChatGPT를 통해 **가짜 뉴스** 구분하는 법을 배워볼 수 있습니다.

> 👤 **프롬프트**
>
> 가짜 뉴스를 구분하는 법을 알려 주세요.

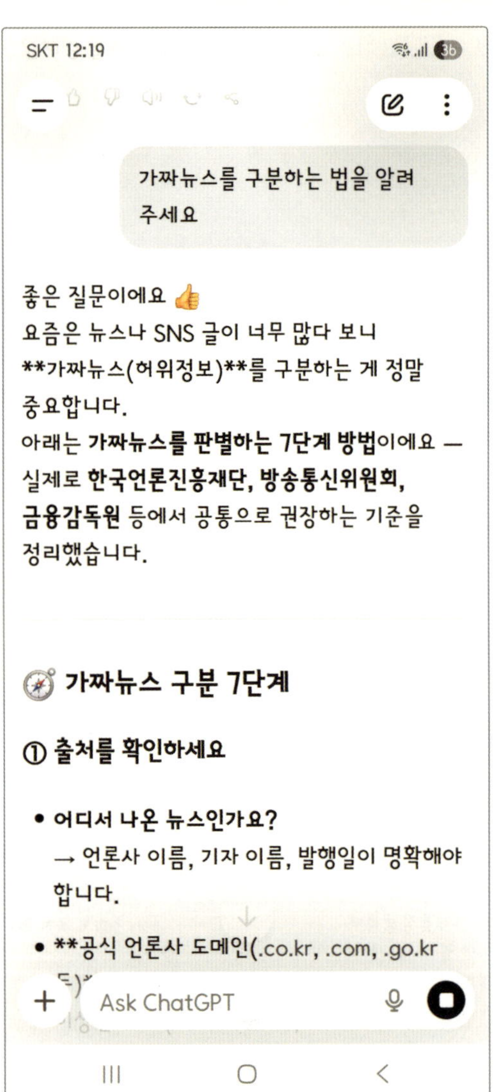

AI가 가짜 뉴스를 판별하기 위해서 어떤 부분들을 체크해야 하는지 알기 쉽게 설명해 줍니다. 알려 준 팁을 가지고 몇 가지만 대조해 보면 가짜 뉴스를 쉽게 걸러낼 수 있습니다.

사기나 가짜 뉴스는 점점 정교해지고 있어 스스로 구별하기 어려운 경우가 많습니다. 하지만 ChatGPT를 활용하면 대부분의 위험은 사전에 피할 수 있습니다. 그럴듯한 투자 제안이나 가짜뉴스도 AI에 내용을 먼저 확인하고, 팩트 체크를 함께 진행한다면 쉽게 속지 않을 수 있습니다.

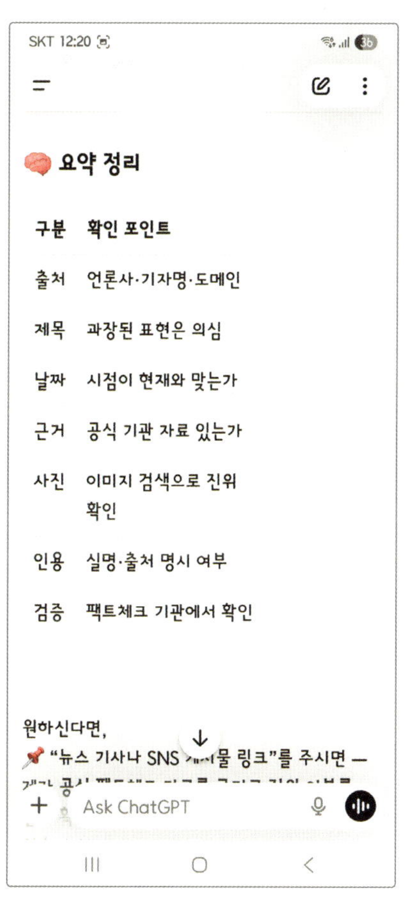

▶ 금융기관이나 관공서는 카카오톡이나 문자로 개인 정보 입력을 요구하지 않습니다.

▶ 링크 클릭을 유도하는 문자는 스미싱일 가능성이 높으므로, 링크를 누르지 말고 해당 기관의 공식 앱이나 홈페이지를 직접 확인하는 것이 안전합니다.

▶ 뉴스를 공유받았을 때는 제목만 보지 말고 본문 내용을 확인한 뒤, 다른 언론의 보도 여부도 함께 살펴보세요.

▶ 전화로 가족이나 지인을 사칭해 급하게 돈을 요구하는 경우에는, 일단 통화를 종료한 뒤 직접 연락해 사실 여부를 확인해야 합니다.

▶▶
ChatGPT 조차도 잘못된 판단을 내릴 수 있습니다. 중요한 사실에 대해서는 꼭 직접 확인을 진행해 주세요.

ChatGPT 프롬프트 10가지

1. 건강검진 결과 설명
(건강검진 결과표 업로드 후)

"건강검진 결과에서 모르는 항목들이 많은데 각 항목을 쉽게 설명해 주고, 이상소견이 있는 경우에는 개선할 수 있는 팁도 정리해 주세요."

2. 약 복용법
(약 봉지 사진 업로드 후)

"내가 현재 복용 중인 약들을 표로 정리해 주세요. 복용 시기와 방법, 그리고 주의사항도 함께 알려 주세요."

3. 운동 루틴

"60대와 70대가 무리 없이 따라 할 수 있는 간단한 하루 10~15분 운동 루틴을 알려 주세요. 집에서 할 수 있는 동작으로 설명해 주세요."

4. 스마트폰 사용법

"갤럭시에서 배경화면을 변경하는 방법을 설명해 주세요. 내가 사용하는 기종은 갤럭시S25입니다."

5. 자녀, 손주에게 보내는 메시지 문구 추천

"손주의 생일을 축하하는 따뜻하고 짧은 메시지를 5개 만들어 주세요."

6. 가계부 예산 계획

"우리 집 월 예산을 정리하고 절약 방법을 표로 만들어 주세요. 월 소득은 ㅇㅇ원이며, 고정 지출 항목은 다음과 같습니다." (이후 소득과 지출 내용 입력)

7. 건강식 요리 레시피 추천

"당뇨와 고혈압을 고려한 건강식 레시피 7가지를 알려 주세요. 조리법은 간단하게 설명해 주세요."

8. 여행 일정

"부산, 제주, 강릉에서 1박2일 여행 코스를 조금 여유롭게 짜 주세요. 걷는 시간이 많은 코스는 피해서 추천해 주세요."

9. 노후 금융, 연금 개념 쉽게 설명

"연금, 이자, 배당금 같은 금융 개념을 70대도 이해할 수 있도록 아주 쉬운 말로 설명해 주세요."

10. 오늘의 주요 뉴스 정리

"오늘의 주요 뉴스를 정리해 주세요. 특히 경제 관련 뉴스를 중심으로 알려 주세요."